本书出版获中国人民大学 2019 年度"中央高校建设世界一流大学（学科）和特色发展引导专项资金"支持

中国家庭能源消费研究报告

郑新业　魏　楚　主编

乡村振兴背景下的家庭能源消费研究：以浙江省为例

谢伦裕　陈　飞　虞义华等　著

科学出版社

北　京

内 容 简 介

在乡村振兴战略实施的时代背景下，浙江省乡村家庭积极发展了民宿餐饮、海产养殖、炒茶、物流仓储等家庭特色产业和特色旅游业，促进了乡村经济的发展。特色产业和旅游业的发展影响着乡村家庭能源消费，而能源的稳定供应亦是乡村产业发展的必要条件。在此背景下，中国人民大学能源经济系与国网浙江省电力有限公司经济技术研究院于 2018 年共同开展了浙江省家庭能源消费调查，本次调查重点关注乡村居民的能源消费情况。本书以调查数据为基础，部分章节结合电力系统数据，分析浙江省城镇及乡村家庭的能源消费情况，总结以特色产业和特色旅游业振兴乡村的发展方式下城乡家庭能源消费的基本特征及发展规律，旨在为提升浙江省家庭能源消费品质和打造低碳绿色浙江提供切实指导，也为我国其他地区乡村振兴政策的推行提供家庭能源需求方面的参考。

本书可供相关政府部门决策者和相关领域研究人员参考，也可供相关企业单位、教师、学生、普通读者阅读。

图书在版编目（CIP）数据

乡村振兴背景下的家庭能源消费研究：以浙江省为例／谢伦裕等著. —北京：科学出版社，2020.1
（中国家庭能源消费研究报告）
ISBN 978-7-03-062543-4

Ⅰ.①乡… Ⅱ.①谢… Ⅲ.①农村–家庭–能源消费–研究–浙江 Ⅳ.①F426.2

中国版本图书馆 CIP 数据核字（2019）第 221898 号

责任编辑：林　剑／责任校对：樊雅琼
责任印制：吴兆东／封面设计：无极书装

科学出版社 出版
北京东黄城根北街 16 号
邮政编码：100717
http://www.sciencep.com

北京虎彩文化传播有限公司 印刷
科学出版社发行　各地新华书店经销
*
2020 年 1 月第 一 版　开本：720×1000　1/16
2020 年 1 月第一次印刷　印张：14
字数：270 000

定价：148.00 元
（如有印装质量问题，我社负责调换）

撰写组成员

国网浙江省电力有限公司经济技术研究院编写组

陈　飞　　李志强　　孙黎滢　　徐　旸
谷纪亭　　王　坤

中国人民大学能源经济系编写组

谢伦裕　　郑新业　　虞义华　　宋　枫
姬晨阳　　崔　健　　相晨曦　　毕　得
蔡宇涵　　常亦欣

前　　言

为全面呈现我国家庭能源消费的基本情况、特征与影响因素，中国人民大学能源经济系自 2013 年开展了全国性的家庭能源消费调查问卷（Chinese Residential Energy Consumption Survey，CRECS），迄今已连续发布 2014 年、2015 年、2016 年的年度报告。

依托中国人民大学能源经济系成熟的调查和分析方法，课题组于 2018 年在浙江省展开家庭能源消费调查。此次入户调查是多方共同努力、共同合作的结果：中国人民大学能源经济系和国网浙江省电力有限公司经济技术研究院共同牵头，人大能源经济系主要负责问卷设计、数据回访与校对、分析模型的构建和数据分析，以及研究报告撰写等工作；国网浙江经研院主要负责构建整体研究框架，提出研究思路，提供相关数据资料，并参与了数据分析和问卷调查实施等工作；上海数字一百市场调研有限公司负责入户调查和数据录入工作。

此次问卷调查开展时间是 2018 年 8 月，针对的是浙江省居民家庭在 2017 年度的能源消费状况。本次调查最终样本覆盖浙江省全部 11 个城市，其中城镇样本完成有效问卷 425 份，乡村样本完成有效问卷 844 份。

本书结构安排如下：第 1 章介绍本书的研究背景、研究内容和主要研究发现；第 2 章介绍本次调查的设计实施，对调查结果进行统计描述，并介绍家庭能源消费的估算方法；第 3 章主要通过能源平衡表及能流图呈现浙江省家庭能源消费的结构特征；第 4 章展开家庭能源消费的城乡比较分析；第 5 章起进入乡村研究部分，主要介绍浙江省乡村的经济社会发展概况；第 6 章结合电力系统数据对乡村家庭能源消费特征进行多维度剖析；第 7 章利用计量经济学方法分析乡村家庭的能源消费影响因素；第 8 章对未来乡村家庭能源消费趋势进行预测；第 9 章提出乡村家庭能源消费优化提升设想；第 10 章总结。

在本书成稿过程中，各位作者对调查实施和书稿写作、修改与完善做出了贡献。各章节的主要贡献者分别如下：

第 1 章：谢伦裕；

第 2 章：蔡宇涵、常亦欣、夏雪；

第 3 章：相晨曦、毕得、常亦欣；

第 4 章：谢伦裕、王漫玉、周欧泛；

第5章：陈飞、李志强、崔健、姬晨阳、夏雪、常亦欣；

第6章：谢伦裕、孙黎滢、徐旸、姬晨阳、崔健；

第7章：虞义华、谷纪亭、王坤、崔健、陈沛霖；

第8章：宋枫、陈飞、徐旸、毕得、崔健；

第9章：郑新业、陈飞、姬晨阳；

第10章：谷纪亭、王坤、姬晨阳。

作　者

2019.3

乡村振兴背景下的家庭能源消费研究··以浙江省为例

目　　录

乡村振兴背景下的家庭能源消费研究：以浙江省为例

第1章　家庭能源消费调查

浙江省作为全国电力体制改革的先行地区，如何最大限度地释放改革红利，改善用能结构，是个值得探究的问题。本书通过浙江省城乡家庭能源消费调查获得可靠的一手数据，关注地区差异、不同收入群体差异等，探究家庭用能选择及用能量等的影响因素，致力于将分析结果与科学的经济学理论相结合，为提升家庭能源消费品质、打造低碳绿色浙江提供切实指导。

调查、了解和掌握家庭能源消费情况、特征与规律并对其进行统计和描述，既是本研究后续研究的基础，也能够为各级政府和企事业单位进行科学的管理决策提供相应数据支持。

本章主要分为八小节。1.1节介绍入户调研的抽样方法与具体实施措施，以及问卷的编制情况；1.2节至1.6节基于有效样本，分别对样本的家庭特征、住房情况、厨房设备及家用电器使用情况、取暖与制冷情况、电力消费情况等进行描述性统计，1.7节针对乡村样本，进一步描述其特色旅游业和特色产业发展情况以及从事特色旅游、特色产业家庭的特征；1.8节为本章小结。

1.1　问卷设计与实施

本次入户调查目的主要是了解浙江省城乡居民的能源消费状况，是多方共同努力、共同合作的结果：浙江省电力有限公司经济技术研究院发起和牵头；中国人民大学经济学院能源经济系协助，主要负责整个问卷设计、数据回访与校对、研究报告写作等工作；上海数字一百城市调研有限公司负责样本抽样、调研执行和数据录入整理等工作。

1.1.1　样本分布

此次问卷开展时间是2018年8月，调研浙江省城乡居民家庭在2017年度的家庭基本情况和能源消费状况；总体目标是在浙江省各城市、乡村进行抽样，以求最有效地代表浙江省的各方面情况。本次调研样本分为城镇和乡村两个部分。

根据调查方案，本次调研的城镇目标样本量为400户，依照各市人口数量分配样本。乡村目标样本量为800户，为分析乡村生产性用能可能存在的问题，需保证本次调研中特色旅游及特色产业样本量，故乡村样本抽样主要以特色产业的分布为准。依调研方案，本次调研的乡村样本包括普通家庭、特色旅游家庭和特色产业家庭，目标样本量依次为 350 户、200 户和 250 户。

本次调查最终样本共覆盖 11 个城市，其中城镇样本完成有效问卷 425 份。乡村样本完成有效问卷 844 份，其中包括普通家庭 375 户，特色旅游家庭 206 户，特色产业家庭 263 户。

实际城乡样本的地域分布情况如表 1-1 所示。

表 1-1　样本地域分布情况

地区	城镇	乡村
杭州	75	75
湖州	20	76
嘉兴	30	87
绍兴	30	51
宁波	74	51
衢州	12	122
金华	44	129
台州	40	25
丽水	17	77
温州	83	78

1.1.2　问卷设计及实施

为全面了解浙江省城乡家庭用能情况，本次调查问卷涵盖了家庭基本信息、住房情况、厨房设备及家用电器、取暖与制冷、包括电表编号在内的用电基础信息、家庭用能主观期望、特色旅游、特色产业等八个板块，涉及问题 300 余个。其中，家庭基本信息、住房情况、厨房设备及家用电器、取暖与制冷及用电基础信息五个板块对于城镇和乡村家庭均适用，主要用于估计家庭能源消费量，并且探究其背后的影响因素。除此之外，还针对峰谷电价政策对居民用电的影响等具有重大政策含义的问题对城乡样本进行了询问。家庭用能主观期望、特色旅游、特色产业三个板块则针对农村样本设计，着重考察乡村特色生产性用能，重点关注乡村生产性用能可能存在的用能效率、清洁化程度等问题。

从设计上，调查问卷遵循了从易到难、层层深入的原则，既不错过重要问题，也不触碰敏感话题，同时又能够循序渐进地引导受访对象准确回答问题，实现降低调查误差的目的。

为了保证工作质量，中国人民大学在抽样地随机进行了电话回访。回访主要内容是抽取问卷中的一些最基本最容易校验的问题，如家中常住人口数、户主受教育水平等，一旦发现同实际问卷结果不符的问卷，将及时联系访员及该项目组负责人进行核实。

1.2　家庭特征

1.2.1　家庭人口信息

1.2.1.1　家庭总人口数以 3 人为主

　　本次调查中关于家庭总人口的有效受访住户样本（剔除了缺失值之后的有效住户样本，以下简称为"有效样本"）共计 1269 户。如图 1-1 所示，在接受调查的家庭之中，以 3 人组成家庭最为常见，总人口为 3 人的家庭有 632 户，占有效样本的 49.80%。其次为 2 人组成的家庭，有 342 户，占有效样本的 26.95%。4人和 1 人家庭较少，分别占有效样本的 11.42% 和 7.96%。5 人及以上家庭约占有效样本的比例不到 4%。

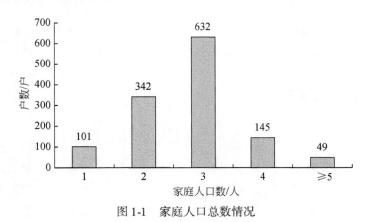

图 1-1　家庭人口总数情况

1.2.1.2　家庭常住人口以 2 人为主

　　根据本次调查的问卷概念定义，家庭常住人口区分于家庭总人口，指在家中居住六个月以上的住户，不含访客、在职军人和住校学生。关于家庭常住人口的有效样本同样为 1269 户。如图 1-2（a）所示，常住人口为 2 人的家庭居多，共有 728 户，占有效样本的 58.29%。其次为常住人口为 3 人的家庭，占有效样本的 26.26%。常住人口为 1 人及以下或者 4 人家庭较少，分别占受访家庭的 10.17% 和 4.00%。常住人口为 5 人及以上的家庭仅占受访家庭的 1.28%。

1.2.1.3　家庭劳动力数量以 2 人为主

如图 1-2（b）所示，与家庭常住人口分布相同，家庭中劳动力数量以 2 人为主，有 907 户，约占样本总数的 71.47%。与家庭常住人口分布不同的是，劳动力数量为 1 人及以下的家庭明显变多，约占样本的 14.97%；劳动力人数为 3 人的家庭减少，约占样本总数的 11.98%。劳动力数量为 4 人、5 人及以上的家庭数量较少，约占样本总数的 1.58%。

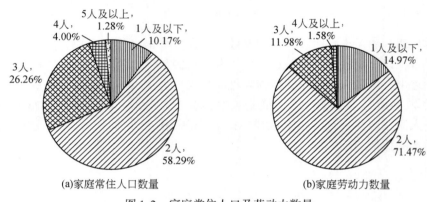

(a)家庭常住人口数量　　　　(b)家庭劳动力数量

图 1-2　家庭常住人口及劳动力数量

1.2.2　常住人口信息

1.2.2.1　常住人口主要由户主及其配偶和子女构成

在所调查的家庭中，与户主有关系方面的人数为 2799 人。如图 1-3 所示，户主本人占所调查人数的 42.34%，其次为配偶，占比 39.76%。此外，所占比例较大的人员为子女，占比为 13.22%。父母组成比例较少，约为 4%。其他家庭成员占比极少，未超过 1%。因此，接受调查的家庭住户人员组成基本上形成了以户主、户主配偶和其子女为主的家庭结构。

1.2.2.2　性别比例女性略高于男性

本次调查中受访住户涉及的总人数为 2799 人，其中男性有 1383 人，占总人数的 49.41%，女性为 1416 人，占总人数的 50.59%。从受访对象的性别比例来看，女性人数略高于男性，但差别不大。

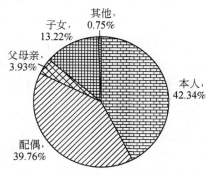

图 1-3　家庭常住人口家庭关系构成

1.2.2.3　家庭人口出生年份以 70 年代最多

图 1-4 显示了本次调查中家庭人口出生年份的分布。如图所示，样本中以 70 年代出生的人口居多，呈现出多峰分布。1960 年之前的出生人口较少，但整体呈随时间推移递增的趋势，并在 50 年代中期出现一个较小的峰值；50 年代末的出生人数有所下降，随后继续增加；60 年代中后期至 70 年代初出生人数再次达到峰值，之后有所下降；80 年代中期开始增加，至 90 年代初期又一次达到峰值；随后的每年出生人口逐步下降，之后基本保持了 21 世纪初的水平。

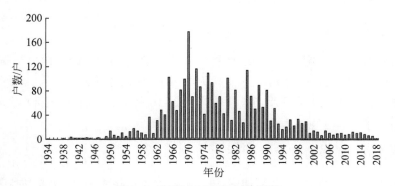

图 1-4　家庭人口出生年份情况

1.2.2.4　家庭人口 2017 年多在本地工作，职业类型以个体经营者和公司职员为主

在所调查家庭中，2017 年劳动状况方面，有效样本为 2799 人。如图 1-5（a）所示，2017 年劳动力绝大多数为在本地工作，约占调查比例的 83.89%。在其余劳动力状况中，年幼或上学的比例相对较高，为 9.07%。有少数人在家做家务或

外出务工经商，占比分别为 5.50% 和 1.43%。另有极少数人在军队中服役。

在工作人口职业类型方面，共有有效样本 2388 个。如图 1-5（b）所示，在有效样本中，个体经营者和公司职员所占比例相对较大，分别为 26.97% 和 26.09%。其次为农民和工人，占比分别为 14.15% 和 12.48%。其余各职业人数较少，其中自由职业者占比为 8.17%，服务业从业人员和事业单位员工占比均不足 5%，而公务员和教师占比均小于 2%。

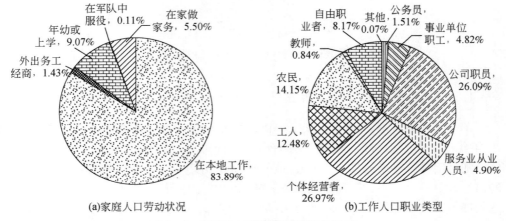

(a)家庭人口劳动状况　　　　　　　　(b)工作人口职业类型

图 1-5　家庭人口劳动状况及职业类型

1.2.2.5　从业人员 2017 年年收入以 5 万～10 万元为主

统计结果显示，在全部受访者中，超过半数（55.32%）2017 年年收入在 5～10 万元。年收入在 5 万元以下（含无收入）的受访者有 650 人，占样本总数的 27.22%。受访者中有 17.46% 年收入超过 10 万元，其中超过 20 万元的受访者仅占总样本的 2.1%（图 1-6）。

1.2.2.6　受教育程度以初中和高中为主

接受本次调查的 2799 名受访者中，大多数人员教育水平为初中或高中，并有部分人员接受过大专或大学的教育。如图 1-7 所示，初中和包括中专和职高在内的高中文化水平人员最多，分别占比 26.55% 和 26.48%。其次为接受过大学或大专的人员，分别占有效样本数量的 16.01% 和 14.76%。仅接受过小学教育或未曾接受过正规教育的人员较少，分别占有效样本的 11.40% 和 3.82%。另外有极少数人接受过硕士或博士研究生教育。

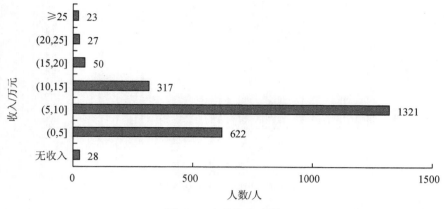

图 1-6　人员收入水平

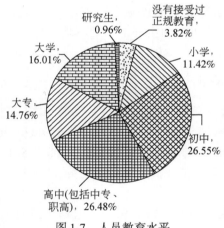

图 1-7　人员教育水平

1.2.2.7　绝大多数受访者 2017 年全年在家居住

如图 1-8 所示，在 2799 个有效样本中，有 2566 人在家居住时间为 12 个月，占样本总数 91.68%，说明多数受调查者常年在家，这也与受调查者多在本地工作，仅有少部分人的劳动状况为外出务工经商相符合。在其余样本中，一年中在家居住 11 个月或 10 个月相对较多，均接近样本总数的 2%。在家居住时间少于 10 个月的样本较少，共占总样本的 5%。

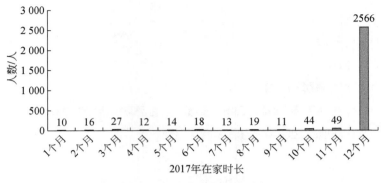

图 1-8　2017 年在家居住时长

1.2.2.8　绝大多数乡村受访者近五年一直在本地工作

在 1801 个乡村受访者中，有 1766 人近五年来一直在本地工作，占受访者总数的 98.06%。有 22 人在五年内由外地回到本地工作，仅有 13 人五年内一直在外地工作。

1.2.3　家庭收入与支出

家庭总收支共收集有效样本数 1269 个，其中农村家庭有效样本 844 个，城市家庭有效样本 425 个。家庭总收入样本均值为 159 376.76 元，其中农村家庭样本均值为 139 610.74 元，城市家庭样本均值为 200 568.17 元；家庭总支出样本均值为 56 202.46 元，其中农村家庭样本均值为 44 411.26 元，城市家庭样本均值为 80 774.75 元。

统计结果显示，在受访的农村居民中，家庭年总收入不超过 5 元的家庭有 110 户，占农村样本总数的 13.03%，超过半数家庭的年收入为 5 万～15 万元，被调查的农村家庭中仅有 8.65% 收入超过 20 万元，其中超过 40 万元的家庭仅占 2.37%（图 1-9）。支出方面，在 844 户农村家庭中，2017 年家庭总支出不超过 5 万元的家庭占农村样本总数的 72.99%，22.75% 的受访家庭年支出在 5 万～10 万，仅 4.27% 的家庭年总支出超过 10 万元（图 1-10）。

在 425 户城市居民中，家庭年总收入不超过 5 万元的家庭有 43 户，占城市样本总数的 10.12%，40.24% 的家庭年收入为 5 万～15 万元，被调查家庭中有 28.00% 年收入超过 10 万元，其中超过 20 万元的家庭占 7.53%。支出方面，2017 年城市家庭总支出不超过 5 万元的家庭和 5 万～10 万元的家庭数目大致相当，分别占城市样本总数的 36.47% 和 35.76%，27.76% 的受访城市家庭年支出超过 10 万元，其中 9.41% 的家庭年总支出超过 20 万元。

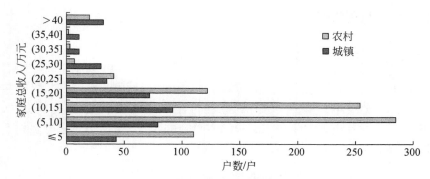

图 1-9　2017 年城乡家庭总收入

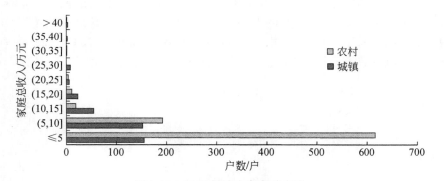

图 1-10　2017 年城乡家庭总支出

从支出结构上看，食品、衣着支出所占的比例较大，分别为 29.43%、17.27%。用于医疗和教育的费用分别占总支出的 13.72% 和 6.47%，家庭用品、交通和住房支出占比比较均匀，均为 10%～12%，如图 1-11 所示。

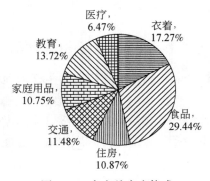

图 1-11　家庭总支出构成

1.2.4 土地利用情况

1.2.4.1 多数乡村受访住户家中有土地

本次调查还深入了解了乡村受访者家中土地的利用情况。本次调查共包含844个乡村有效样本，其中家中有土地的住户542户，占受访住户总数的64.22%，家中没有土地的住户302户，占总数的35.78%，可见多数乡村受访住户家中有土地。

1.2.4.2 住户拥有土地面积多不超过3亩

如图1-12所示，在542个拥有土地的住户中，拥有土地不超过3亩①的家庭有243户，占拥有土地的样本总数的44.83%。拥有土地面积3~6亩的家庭有166户，占总数的30.63%。拥有土地面积6~9亩的家庭有124户，占总数的22.88%。另有极少数家庭拥有土地超过9亩，但没有家庭拥有土地面积超过12亩。

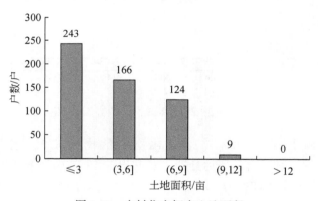

图1-12 乡村住户拥有土地面积

1.2.4.3 土地利用方式主要为种植和有偿转让

家中拥有土地的受访者对于土地的利用方式主要为种植和有偿转让，也有部分受访者将家中土地闲置。如图1-13所示，土地利用方式多为种植和有偿转让，分别占比45.12%和38.05%。其次为闲置，占有效样本数量的13.08%。极少数家庭将土地无偿转让或用于修建房屋，所占比例均不超过2%。

---

① 1亩≈666.7平方米。

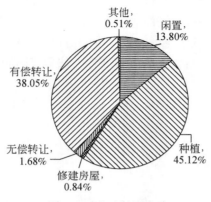

图 1-13　土地处置方式

1.2.5　乡村发展政策

图 1-14 反映了乡村受访者对本村旅游开发政策、贷款支持政策、开发限制政策和补助政策的了解情况。各类政策均有超过 50% 的受访者表示不清楚村中是否有该项政策。

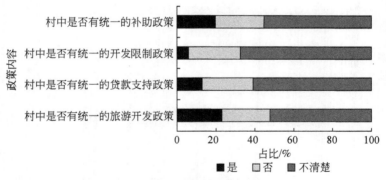

图 1-14　对乡村发展政策了解情况

1.3　住 房 情 况

1.3.1　住房建筑特征

1.3.1.1　住房空间多为 2 层，面积多为 90 ~ 120 平方米

图 1-15 显示了住户自身使用住房空间的情况，此处的层数不含地下室和阁

楼，也不含租售给他人的住房空间。其中，592 户有效样本的住房空间为 2 层，占有效样本的 47.40%；其次是住房空间为 1 层的样本，共 407 户，占有效样本的 32.59%。住房空间达到 3 层的有效样本约占 16.01%，4 层及以上的有效样本数目不足总数的 1/20。可见大多数有效样本的住房空间为 2 层或 1 层。

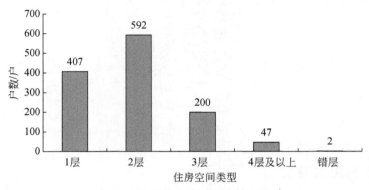

图 1-15　家庭自身使用住房空间

如图 1-16 所示，住房的建筑面积和实际使用面积多数在（90，120］平方米。如果从住房面积来考察住户的收入情况的话，那么相应的推测是多数住户处于中等及中等偏上收入层次，极端贫困的属于少数。

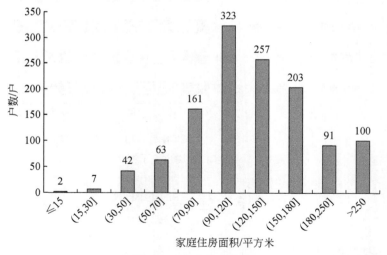

图 1-16　家庭住房面积

1.3.1.2 住户集中在 2010 年及以后迁入目前住房

如图 1-17 所示，从迁入年代看，住户的迁入集中在 2010 年及以后，有 520 户，占到了有效样本数量的 1/3 以上。可以看出，对于受访住户而言，随着时间的递增，住户的迁入规模也随之变化。早于 1969 年迁入的有效样本仅有 9 户，而在 2000 年之后迁入的有效样本数量则达到 916 户，占有效样本数量的近 2/3。

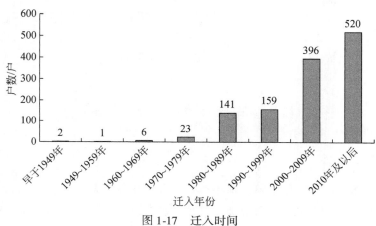

图 1-17　迁入时间

1.3.2 日照情况

图 1-18 显示，冬季期间随着日照时间的增加，对应的房屋数量不断增长。冬季时平均日照时间在 3～4 小时和 5～6 小时的房屋最多，日照时间大于 6 小时的房屋数量开始下降。夏季时随着日照时间的增加，对应的房屋数量也在增加，但在日照时间大于 7 小时之后，对应的房屋数量出现的下降趋势。

由于日照时间跟采光和取暖密切相关，我国对于房屋日照时间有着明确的规定。根据《中华人民共和国国家标准城市居住区规划设计规范》（GB50180—93），房屋日照时间应当满足如下条件：大城市住宅日照标准为大寒日不低于 2 小时，冬至日不低于 1 小时，老年人居住建筑不应低于冬至日日照 2 小时的标准；在原设计建筑外增加任何设施不应使相邻住宅原有日照标准降低；旧区改造的项目内新建住宅日照标准可酌情降低，但不应低于大寒日日照 1 小时的标准。按照这样的规定，调查中绝大多数有效样本的住房是满足相应的日照标准的。

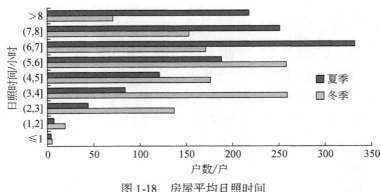

图 1-18　房屋平均日照时间

1.4　厨房设备及家用电器

1.4.1　炊事设备

本次调查涉及的设备主要包括各类灶头及电饭煲、高压锅等炊事设备。

受访的 1269 户家庭总共拥有 2629 个灶头。其中使用煤气灶的家庭最多，占样本数的 64.85%，其次为柴火灶/土灶和电磁炉，占比分别为 19.79% 和 11.72%，此外有 2.20% 的家庭使用蜂窝煤炉，还有少数家庭使用油炉和沼气灶。城市家庭使用煤气灶的比例高于农村，农村家庭使用柴火灶/土灶和电磁炉的比例较高。在灶头的设备用途上，95.05% 的灶头为自用常用，3.27% 为自用非常用，1.24% 提供餐饮服务，0.34% 为自用与提供餐饮服务，0.11% 提供民宿服务（图 1-19）。

除灶头外，受访家庭拥有的其他厨房设备共计 1620 件，其中电饭煲的拥有量最多，占样本数的 56.15%，其次依次为抽油烟机（15.99%）、微波炉（15.81%）、排气扇（8.36%）、烤箱（2.03%）等。在这些厨房设备的用途上，93.00% 为自用常用，5.76% 为自用非常用，0.51% 提供餐饮服务，0.29% 提供民宿服务，0.44% 为自用与提供服务（图 1-19）。

在灶头/炉台的规模大小方面（以锅的口径大小衡量），柴火灶/土灶以大于 45 厘米和 25~35 厘米的口径为主；蜂窝煤炉以 25~35 厘米为主；油炉和太阳能灶以小于 25 厘米为主；沼气灶以大于 45 厘米为主（图 1-20）。

从使用频率上看，49.78% 的灶头每天使用 2 次，35.95% 的灶头每天使用的频率不小于 3 次，仅有 29.25% 的灶头每周使用的频率为 1 次。在使用时长上，46.28% 的灶头每次使用 30~45 分钟，34.23% 的灶头每次使用 15~30 分钟（图 1-21、图 1-22）。

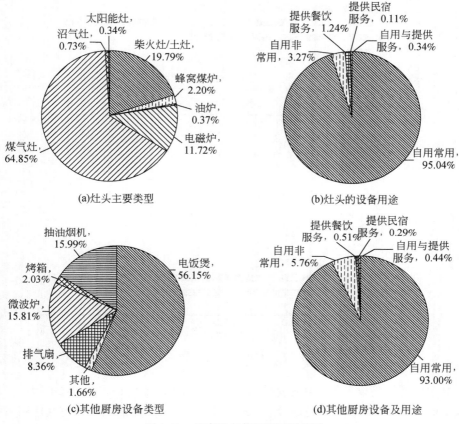

(a)灶头主要类型

(b)灶头的设备用途

(c)其他厨房设备类型

(d)其他厨房设备及用途

图 1-19　炊事设备使用情况及用途

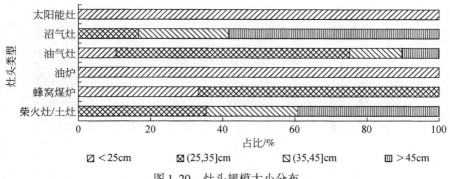

图 1-20　灶头规模大小分布

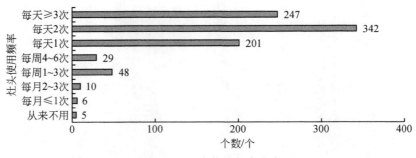

图 1-21　灶头使用频率分布

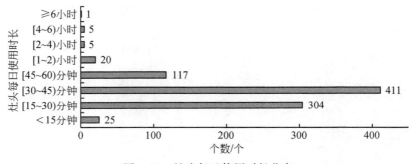

图 1-22　灶头每日使用时长分布

　　其他厨房用能设备的使用频率和每次使用时间如图 1-23 和图 1-24 所示。就电饭煲而言，约 37.95% 的电饭煲每天使用 2 次，42.00% 的电饭煲每次使用时间为 30～45 分钟；就抽油烟机而言，37.45% 的抽油烟机每天使用 2 次，40.93% 的抽油烟机每次使用时间为在 15～30 分钟；就排气扇而言，约 40% 的排气扇每

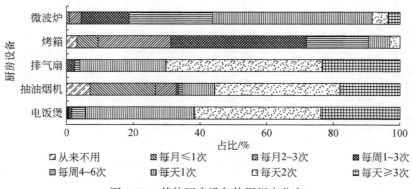

图 1-23　其他厨房设备使用频率分布

周使用 2 次，46.67% 的排气扇每次使用时间在 30 ~ 45 分钟；就烤箱而言，约 40.63% 的烤箱每月使用 1 ~ 3 次，46.88% 的烤箱每次使用时间为 30 ~ 45 分钟；就微波炉而言，约 47.81% 的微波炉每天使用 1 次，58.2% 的微波炉每次使用时间小于等于 15 分钟。

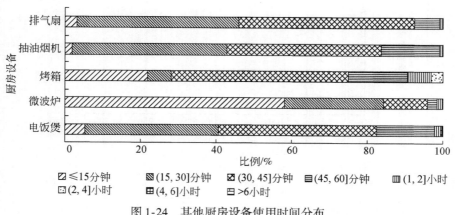

图 1-24 其他厨房设备使用时间分布

1.4.2 家用电器

在受访的家庭中，共 1033 户有冰箱，133 户有冰柜。在冰箱和冰柜的容量上，多数冰箱为中型及大型容量，多数冰柜为中型及大型容量，拥有冰箱的家庭显著多于拥有冰柜的家庭，且绝大多数家庭仅拥有 1 台冰箱（图 1-25）。

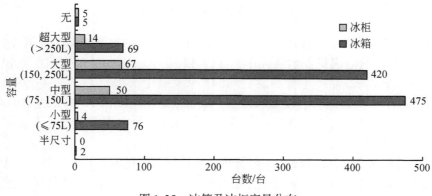

图 1-25 冰箱及冰柜容量分布

在受访的家庭中，共 809 户有洗衣机。在洗衣机的容量上，36.71% 的家庭的洗衣机为 5 ~ 7 千克容量，25.83% 的家庭的洗衣机为 3 ~ 5 千克容量，30.57%

的家庭的洗衣机容量大于 7 千克（图 1-26）。809 个家庭中，807 户拥有 1 台洗衣机，仅有 2 户拥有 2 台洗衣机。设备用途上，城市家庭的洗衣机 99.19% 为自用常用；乡村家庭的洗衣机中，80.78% 为自用常用，18.15% 为自用非常用，少量用于提供服务（图 1-27）。

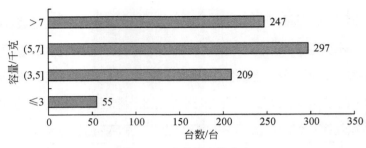

图 1-26　洗衣机容量分布

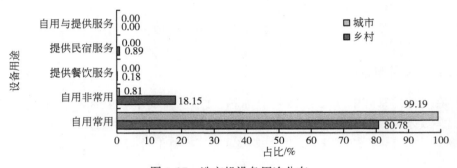

图 1-27　洗衣机设备用途分布

在受访的家庭中，共 1047 户有电视机。在电视机的显示屏大小（英寸）上，35.79% 的家庭的电视机显示屏大小为 32 ~ 42 英寸，35.16% 的家庭的电视机显示屏大小为 29 ~ 32 英寸（图 1-28）。1047 个家庭中，1009 户拥有 1 台电视机，29 户有两台，5 户有三台。设备用途上，城市家庭的电视机 99.33% 为自用常用；乡村家庭的电视机中，86.63% 为自用常用，11.5% 为自用非常用，少量用于提供服务（图 1-29）。

在受访的家庭中，共 266 户有计算机。在计算机的显示屏大小（英寸）上，多数家庭的计算机显示屏大于 9 英寸（图 1-30）。266 个家庭中，259 户拥有 1 台计算机，7 户有两台。设备用途上，城市家庭的电视机 97.46% 为自用常用；乡村家庭的电视机中，67.35% 为自用常用，29.25% 为自用非常用，2.72% 用于提供民宿服务（图 1-31）。

综合来看以上各类家用设备的用途方面，计算机、电视机、洗衣机及冰箱都

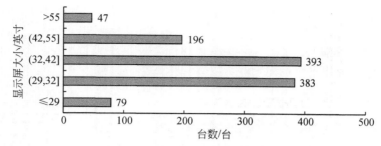

图 1-28 电视机显示屏大小分布

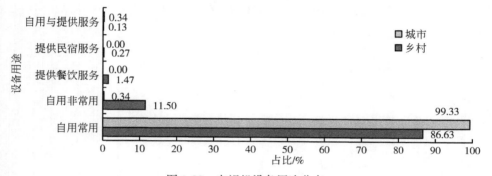

图 1-29 电视机设备用途分布

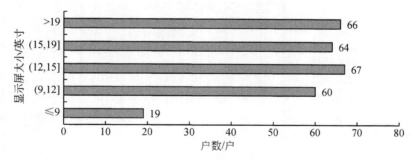

图 1-30 计算机显示屏大小分布

多用于自用常用，其次是自用非常用，提供餐饮、民宿，或自用并提供服务的均较少（图 1-32）。

从家用电器的功率上看，功率在小于 300 瓦、300～500 瓦、500～700 瓦和 700～1000 瓦的电冰箱的数量较为接近，分别占总体的 23.43%，21.22%，28.83% 和 21.50%。功率在 300～500 瓦和 500～700 瓦的洗衣机数量较多，分别占样本总数的 43.44% 和 28.83%。功率在 300 瓦以下和 300～500 瓦的计算机最多，分别占总体的 31.70% 和 39.62%。功率在 300 瓦以下的电视机最多，占总体的 41.11%。平均而言电冰箱的功率最高，计算机的功率最低（图 1-33）。

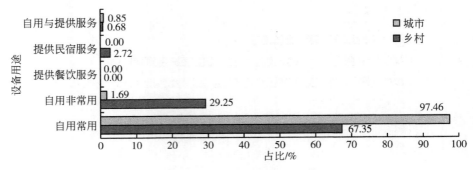

图 1-31 计算机设备用途分布

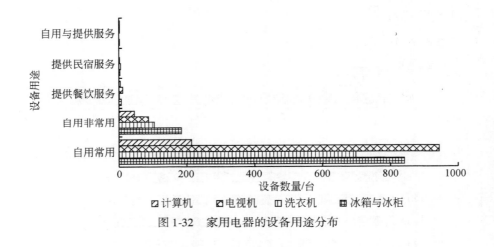

图 1-32 家用电器的设备用途分布

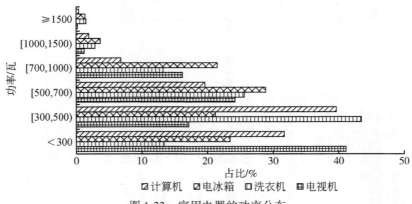

图 1-33 家用电器的功率分布

能效方面，从冰箱、冰柜、洗衣机和电视机四种家用电器来看，都存在部分家庭的电器不具有能效标识。电冰箱中一级能效和二级能效的占比较大，分别为34.00%和38.11%；此外，三级能效的电冰箱占比为18.43%。冰柜中，二级能效和三级能效的占比分别为40.00%、45.71%。洗衣机中二级能效的占比最大，为38.92%，其次分别为三级能效和一级能效，分别为21.03%和20.17%。电视机中，没有标识的占比为34.24%，一级能效、二级能效和三级能效占比分别为15.57%、30.33%和18.49%（图1-34）。

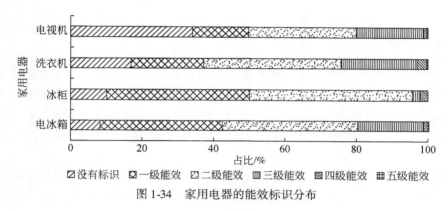

图1-34　家用电器的能效标识分布

本次问卷还针对各类家用电器的使用时间进行了调查。64.51%的电冰箱每年使用时间在10到12个月之间，5%和25.75%的电冰箱使用时间在7到9个月之间和4到6个月之间。51.55%的家庭每天使用洗衣机的次数为1次，21.53%的家庭每周使用4~6次洗衣机；42.45%的家庭每次使用洗衣机的平均时间为30~45分钟，27.6%的家庭每次使用洗衣机的时间为45~60分钟。每天使用电视机时间在3~5个小时的家庭占总体的35.66%，使用时间在2~3个小时的家庭占总体的35.28%，14.91%的家庭每天使用电视机时间为1~2个小时；78.49%的家庭使用遥控器关闭电视机，15.68%关闭电视机的方式为关闭电视机电源开关，5.83%的家庭关闭电视机并拔掉电源插头。31.29%的家庭每天使用计算机时间为2~3个小时，25.54%的家庭每天使用计算机时间为1~2小时；不用电子计算机时，55%家庭选择关机并拔掉电源，35%家庭选择关机但不拔掉电源，9%家庭选择不关机，进入睡眠或待机模式。

1.4.3　照明设备

在受访家庭中，共有320户使用荧光灯（俗称"日光灯"），243户使用白炽灯，945户使用节能灯。设备用途上，绝大多数灯泡为自用常用。使用日光灯的家庭平均每户常用的日光灯数量为2.66盏，平均拥有5.96盏；使用白炽灯的家庭平均每户常用白炽灯数为 2.63 盏，平均拥有 7.87 盏；使用节能灯的家庭平均每户常用节能灯数量为 2.58 盏，平均拥有 6.42 盏。44% 的家庭每天使用每盏灯泡的时间在 3~5 小时，21% 的家庭每天使用每盏灯泡的时间在 2~3 小时。在已知寿命的灯泡中，50.12% 的灯泡寿命在 1~3 年，24% 的灯泡寿命在 3~6 年。此外，36.82% 的灯泡功率在 25~50 瓦，29.86% 的灯泡功率在 50~75 瓦。

1.5 取暖及制冷情况

1.5.1 供暖

如图 1-35 所示，85.71% 的家庭使用家用空调采暖，10.34% 的家庭使用采暖火炉（燃烧木材/煤炭）采暖。其中，使用采暖火炉的 42 户和锅炉管道供暖的 4 户家庭全部来自于农村。此外，在有供暖设备的 407 个家庭中，370 个家庭仅有 1 个供暖设备，占总体的 90.90%；另有 28 个家庭有 2 个供暖设备，占总体的 6.88%。

从供暖设备燃料来看，86.91% 使用电力，9.38% 使用木炭，还有少部分使用管道天然气或煤气，薪柴、煤及地热。其中，38 户使用木炭作为供暖燃料的家庭均为农村家庭（图 1-36）。

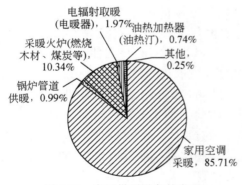

图 1-35 家用供暖设备的类型

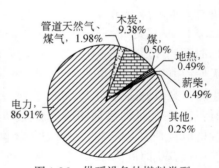

图 1-36 供暖设备的燃料类型

在设备用途上，城市的供暖设备中，98.56% 为自用常用。农村的供暖设备中，70.04% 为自用常用，29.21% 为自用非常用。用作提供餐饮或民宿服务的供暖设备均很少（图 1-37）。

供暖时长上，大多数家庭的供暖期为 2~3 个月（45.81%）或 1~2 个月（20.94%），供暖期 3~4 个月的家庭占 17%，还有少数家庭的供暖期大于 4 个月或小于 1 个月（图 1-38）。38.42% 的家庭采暖期内，每天平均采暖时长为 4~6 小时，

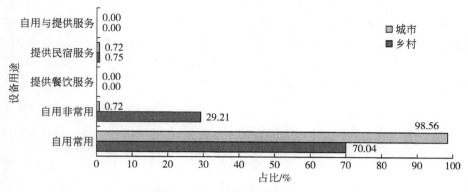

图 1-37　供暖设备用途分布

21.92% 的家庭采暖时长为 2~4 小时，18.72% 的家庭采暖时长为 6~8 小时，还有少数家庭采暖期内每天平均采暖时长小于 2 小时或大于 8 小时（图 1-39）。

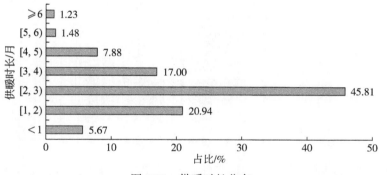

图 1-38　供暖时长分布

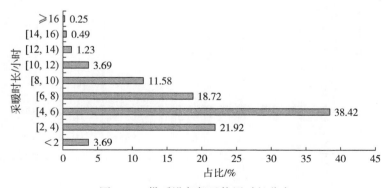

图 1-39　供暖设备每天使用时长分布

从供暖区域来看，44.33%的家庭选择给客厅供暖，75.86%选择给主卧室供暖。家庭供暖面积主要为20～30平方米（占比为49.75%），86.23%的家庭表示不能自主控制供暖温度。对于使用空调、电辐射取暖、油热汀的家庭，21.67%的家庭取暖设备功率小于等于2.4千瓦，33.50%的家庭取暖设备功率在2.5～3.2千瓦，20.94的家庭取暖设备功率在3.2～3.6千瓦。

1.5.2 热水器

738个家庭共拥有889台热水器，绝大多数家庭只拥有1台热水器（占拥有热水器家庭的比例达95.93%），极少数家庭拥有多台热水器。储水式热水器占57.35%，即热式热水器占42.65%。78.3的热水器使用电力作为燃料，12.6%的热水器使用太阳能或太阳能加电，8.8%的热水器使用管道气/煤气作为燃料（图1-40）。

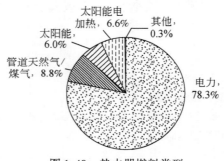

图1-40　热水器燃料类型

热水器的使用频率分布和每次使用时长如图1-41和图1-42所示。从使用频率来看，大多数热水器的使用频率为每天至少一次；从每次使用时长来看，

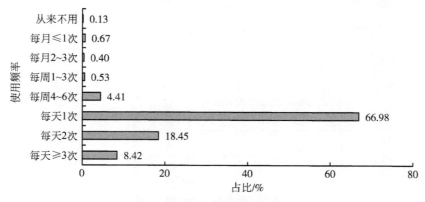

图1-41　热水器使用频率分布

99.19%的热水器每次使用时间不超过60分钟。在能源效率标识方面，没有能源效率标识的热水器占31.52%，能源效率标识为一级能效的热水器占11.55%，能源效率标识为二级能效占40.57%。98.37%的热水器用于洗澡，剩余少部分用于厨房洗刷、供暖。在设备用途上，91.18%为自用常用，7.46%为自用不常用，极少数用于提供服务。

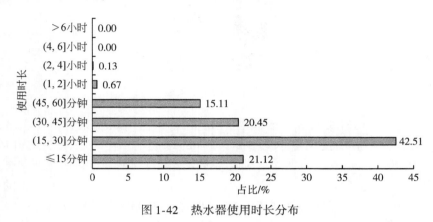

图1-42　热水器使用时长分布

对于429台储水式热水器，58.74%容量为30～60升，20.05%容量为60～100升，少部分热水器容量大于100升或小于60升（图1-43）。67.69%不是一直处于工作状态。62.03%的储水式热水器有温度设定功能，其中67.78%的家庭选择使用时加热。

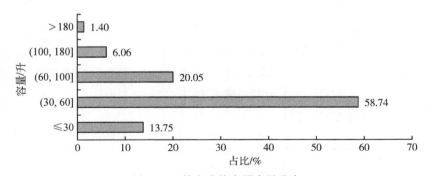

图1-43　储水式热水器容量分布

1.5.3　电风扇

共有910户家庭拥有1110个电风扇，其中72.16%的家庭拥有1个电风扇，20.27%的家庭拥有2和电风扇，5.50%的家庭拥有3个电风扇，少数家庭拥有超过

3 个电风扇。其中 48.9% 为落地扇，29.6% 为吊扇，18.7% 为台扇（图 1-44）。

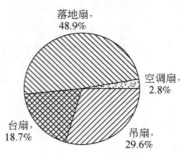

图 1-44 电风扇类型

电风扇的使用时长如图 1-45 和图 1-46 所示。从使用时长来看，37.12% 的家庭每年有 3～4 个月使用电风扇，27.03% 的家庭有 2～3 个月使用电风扇，20.81% 的家庭有 4～5 个月使用电风扇，少于家庭每年使用电风扇少于 2 个月或多余 5 个月。每天使用时间中，26.67% 的家庭使用 4～5 小时，19.73% 的家庭使用 3～4 小时，17.12% 的家庭使用 5～6 小时，13.33% 的家庭使用 2～3 小时，少部分家庭使用时间小于 2 小时或大于 6 小时。53.13% 的家庭在客厅使用电风扇，34.14% 在主卧室使用电风扇。使用面积多为 10～50 平方米，设备功率多为 30～70 瓦。设备用途上。89.19% 为自用常用，9.28% 为自用非常用，少数用于提供服务。

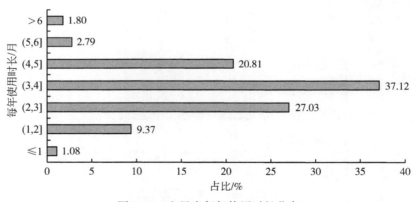

图 1-45 电风扇每年使用时长分布

1.5.4 空调

共 930 户家庭拥有 1237 个空调，这些家庭中 67.66% 只有一台空调。在获得

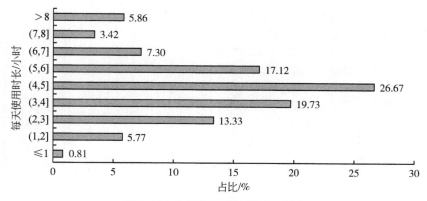

图 1-46　电风扇每天使用时长分布

详细信息的 961 台空调中，94.83% 为分体式空调；额定制冷功率上，55.55% 的空调的制冷功率不超过 3.6 千瓦（1.5 匹机）；能效标识上，54.05% 的空调为二级和三级功效；29.31% 有定频功能，36.71% 是变频空调。

80.77% 的空调制冷时长不超过 4 个月，且以 2~4 个月最常见；60.69% 的空调每天制冷时间 3~6 小时；18.25% 用于客厅制冷，72.37% 用于主卧室制冷（图 1-47、图 1-48）。

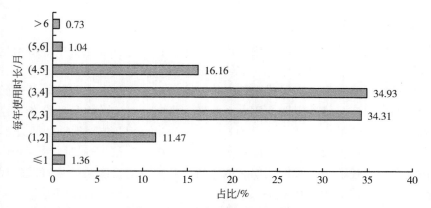

图 1-47　空调每年使用时长分布

制冷面积集中在 10~70 平方米，其中以 10~30 平方米最多；56.31% 的家庭制冷温度的设定为 24~28℃；53.71% 的空调用于冬季采暖；不用空调时，62.53% 的家庭使用遥控机关机（待机），20.29% 的家庭关闭空调电源，17.18% 的家庭拔掉插头。

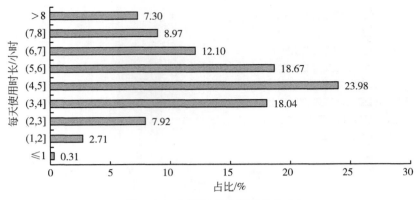

图 1-48　空调每天使用时长分布

1.6　电力消费情况

调查结果显示，浙江省电力消费普及率为 100%。以下内容将分别从电力价格、电费缴纳、电力设施及电力服务情况以及电力消费主观预测四方面介绍浙江省的电力消费情况。

1.6.1　电力价格

我国居民电价和工业、商业用电价格相比一直偏低，使用价格手段对电力需求进行管理，引导居民合理用电、节约用电，对于缓解我国电力供求矛盾、促进节能减排具有重要意义。为对需求侧进行管理，浙江省目前实行的电价政策是峰谷电价，即全天区分峰谷时段，用电高峰期为峰时，对应的电价为峰价，用电低谷期为谷时，对应的电价为谷价，且峰价高于谷价。目前，峰时为每天 8:00 ～ 22:00，峰时电价为 0.568 元/千瓦时，谷时电价 0.288 元/千瓦时。

在本次调查过程中，我们就单一电价政策和峰谷电价政策的偏好对居民进行了调查。调查结果显示，在 1248 个有效样本中，仅 25.08% 的受访家庭表示更偏好单一电价政策，即全天电价一致。74.92% 的受访家庭表示更偏好峰谷电价政策。

对于峰谷电价政策，69.71% 的受访家庭倾向于更大的峰谷电价差，30.29% 的受访家庭则倾向于更小的峰谷电价差。为进一步了解受访家庭对于电价的偏好，提出两种调查方案。

> 峰谷电价备选方案一：峰时为 8：00 ~ 21:00，峰价为 0.617 元／千瓦·时，谷价为 0.288 元／千瓦·时；
>
> 峰谷店家备选方案二：峰时为 8:00 ~ 22:00，峰价为 0.617 元／千瓦·时；谷价为 0.158 元／千瓦·时。

统计结果显示，近半数家庭更倾向于现行电价方案。约 30% 的受访家庭更倾向于备选方案二，即峰时不变，提高峰价，降低谷价。其余受访家庭则倾向于备选方案一。

1.6.2　电费缴纳

1.6.2.1　多数家庭定时缴纳电费，一半以上家庭通过银行关联账户自动扣款交付电费

共 1248 个有效样本中，有 85.18% 的家庭为定时缴费，14.82% 的家庭为收到提醒后缴费。在收到提醒后缴费的家庭中，约 92% 的家庭是在电用光前，收到抄表员等工作人员提醒或收到信息提醒后即缴纳电费；有 14 户家庭为电用光停电后再缴费，约占收到提醒后缴费样本的 7.57%，其中城镇家庭和乡村家庭分别有 8 户和 6 户（图 1-49）。

从支付方式来看，超过一半的有效样本通过银行关联账户自动扣款的方式交付电费，共 653 户，占有效样本的 52.32%。由抄表员等上门收取和居民自行前往电力公司营业点支付电费的家庭数目和所占比例大致相当，分别有 204 和 201户，占 16% 左右，此外，随着网上支付的日渐便捷，有超过 9% 的家庭通过自己在网络支付平台上转账的方式交付电费（图 1-50）。

图 1-49　电费缴纳提醒的方式

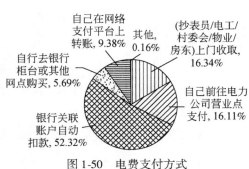

图 1-50　电费支付方式

1.6.2.2　六成家庭按月度结算电费，缴费对用电行为的提醒作用不明显

另外，从支付频率来看，60.74% 的家庭按月度结算电费（或每 1 个月左右购买储值电卡或充值），21.31%的家庭按季度结算（或每3~5个月左右购买储值电卡或充值）。每两个月结算（或每2个月左右购买储值电卡或充值）和每半年结算（或每6~9个月购买储值电卡或充值）的家庭数较少，均不超过样本总数的10%。另有极少数家庭按年度结算（或每10个月或以上购买储值电卡或充值），占样本总数的1.68%（图1-51）。

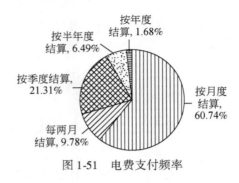

图1-51 电费支付频率

此外，统计结果显示（图1-52），在收到缴费提醒或者实际缴付电费后，67.15%的家庭并不会注意节约用电；而在注意用电情况的家庭中，约半数仅在短期（三日）内注意节约用电，占有效样本总数的17.63%，表示在收到缴费提醒或实际缴付电费后半个月及以上都会注意节约用电的家庭有47户，仅占样本总数的不到5%。

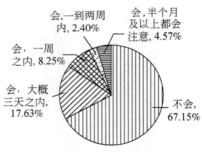

图1-52 缴纳电费后节约用电情况

1.6.2.3 多数家庭认为现行缴费方式相对合理

受访者对现行缴费方式的评价如图1-53所示，认为现行缴费方式一般的家庭居多，共有440户，占有效样本的52.13%。其次是认为当前缴费方式较好的家庭数，占有效样本的41.71%。少数受访者认为当前缴费方式非常好，所占比例约为5%。极少数受访者认为当前缴费方式差或非常差，均占有效样本总数的不到1%。

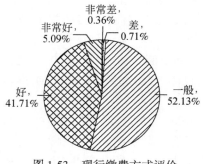

图 1-53　现行缴费方式评价

1.6.2.4　多数家庭偏好银行自动扣款或转账的电力缴费方式

对于期望的电力缴费方式,如图 1-54 所示。偏好银行自动扣款或转账方式的家庭占比为 64.34%。少数受访者倾向于对方上门收取或自行前往支付,分别占有效样本数量的 20.26% 和 13.15%。极少数家庭选择第三方中介支付或转账的方式,所占比例约为 2.25%。

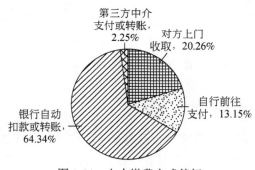

图 1-54　电力缴费方式偏好

1.6.3　电力设施及电力服务

对于农村受访家庭,我们进一步对其家庭的电力设施使用情况和所获得的电力服务情况进行了调查,主要统计结果如下。

1.6.3.1　电表服务

多数家庭电表年均损坏次数不超过 1 次,且绝大多数家庭会在电表损坏后 3 天内联系电工维修。

在所调查家庭中,大多数家庭的电表几乎从未损坏,约占调查比例的

68.48%。其次是偶尔损坏，即年平均损坏 1~2 次，所占比例为 30.33%。有极少数家庭电表年平均损坏次数为 3~4 次，占比为 1.18%。没有家庭的电表年均损坏次数超过 4 次。

电表损坏后，648 户受访者表示会联系电工上门维修，占有效样本的 76.78%，其余 196 户受访者则表示选择自己维修或找邻里帮忙维修，占样本总数的 23.22%。

98.82% 的住户表示电表损坏后，会 3 天之内联系电工上门维修，其中超过半数样本住户表示会在 1 天之内联系电工完成电表维修工作。而近 90% 的样本表示理想的电表维修时间为 1 天之内，所有样本均表示希望在 7 天之内完成电表维修。统计结果如图 1-55 所示。

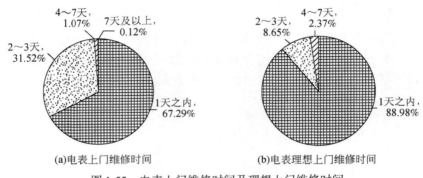

(a)电表上门维修时间　　　　　　(b)电表理想上门维修时间

图 1-55　电表上门维修时间及理想上门维修时间

1.6.3.2　多数家庭近半年未停电

根据调查结果，超过半数家庭表示近半年未停电。其中 290 个受访家庭表示近一年没有停电；197 个家庭表示最近一次停电时间在上一年（不含最近半年）。约 25% 的样本家庭表示最近一次停电在上半年（不含上个月）。109 个样本家庭表示最近一次停电在上个月（不含上一周），占样本家庭总数的 12.91%。4.03% 的样本家庭表示上周刚刚经历过停电（图 1-56）。

1.6.3.3　多数家庭每年平均停电 2 次以内，每次时长不超过 4 个小时

超过 95.02% 的样本家庭每年平均停电次数在 2 次以内，其中 437 户停电次数不超过 1 次，占有效样本总数的 51.77%，极少数样本平均每年停电超过五次。平均每次停电时长不超过 4 个小时的家庭共有 778 户，占比为 92.18%，其中 351 户家庭每次停电平均时长在 1 小时以内，占比 41.58%，统计结果如图 1-57 所示。

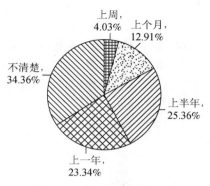

图 1-56　最近一次停电时间

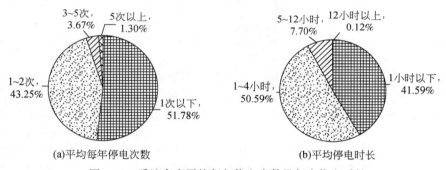

(a)平均每年停电次数　　　　　(b)平均停电时长

图 1-57　受访家庭平均每年停电次数及每次停电时长

　　从受访者对于年平均停电次数和停电时长的期望来看，超过90%的受访者表示希望年平均停电次数不超过 2 次，平均停电时间不超过 4 小时。其中超过60%的受访者希望年平均停电次数少于 1 次，时长小于 1 小时，如图 1-58 所示。

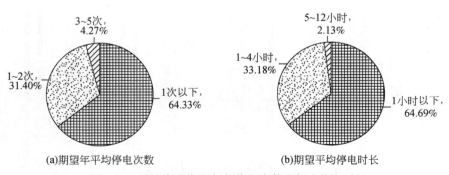

(a)期望年平均停电次数　　　　　(b)期望平均停电时长

图 1-58　受访家庭期望每年停电次数及每次停电时长

1.6.3.4 多数受访家庭对当前整体的电力设施和服务较为认可

如图 1-59 所示，对当前对整体的电力设施和服务表示满意或认为一般的家庭数目大致相当，均占有效样本总数的 46% 左右，表示不满意或非常不满意的家庭有 42 户，占比 5.14%。由此可见，多数受访家庭对于当前电力设施和服务比较认可。

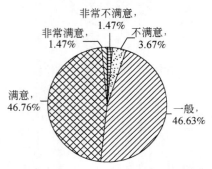

图 1-59　对当前整体的电力设施和服务的评价

1.6.4 电力消费主观预测

多数受访者表示若收入增加，家庭会增加用电设备的使用。图 1-60 ~ 图 1-63 分别反映了当收入增加 10% 时，受访家庭对于目前设备使用数量、功率、使用频率的调整情况和对非用电设备的更换情况。从统计结果中可以看出，当收入增加时，相对较多的家庭表示会增加日常生活必需的设备的使用数量，如煤气灶、电饭煲、冰箱、电视机、灯泡、热水器、空调、电风扇等，其中表示会增加空调

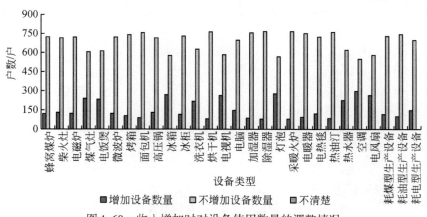

图 1-60　收入增加时对设备使用数量的调整情况

数量的家庭最多，共有 296 户，占有效样本的 35.07%。

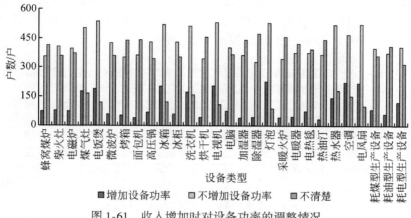

图 1-61　收入增加时对设备功率的调整情况

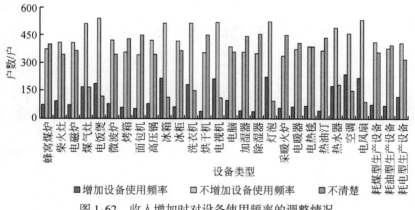

图 1-62　收入增加时对设备使用频率的调整情况

　　根据统计结果，所有家庭对于收入增加时，是否增加设备使用数量均能够做出明确的选择，而对于是否会增加设备功率和使用频率，部分受访家庭则表示不清楚。从统计结果来看，受访家庭对于各项设备的功率和使用频率的选择结果与使用数量选择结果大致相同，即收入增加 10% 时，较多家庭选择增加冰箱、洗衣机、电视机、灯泡、空调、电风扇等较为常用的用电设备的功率和使用频率。

　　此外，收入增加 10% 时，对非用电设备更换情况如图 1-63 所示。就蜂窝煤炉而言，101 户家庭选择将其替换为用电设备，348 户家庭选择不替换，近半数家庭表示不清楚；就柴火灶而言，118 户家庭选择将其替换为用电设备，393 户家庭选择不替换，333 户家庭表示不清楚，占有效样本的 39.45%；就煤气灶而言，仅20%的家庭表示不清楚，为各类设备中最小值，其余家庭中，186户选择将其更换为用电设备，489户则表示不替换。采暖火炉和热油汀的选择结构大致相同，均有不到10%的家庭选择替换，不到40%的家庭选择不替换。耗油型生产设备和耗煤型生产设备的选择结构也基本一致。

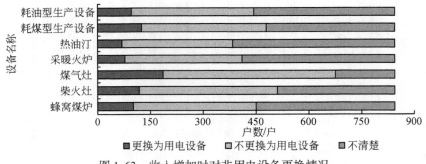

图 1-63　收入增加时对非用电设备更换情况

乡村振兴背景下的家庭能源消费研究：以浙江省为例

1.7　特色旅游和特色产业

1.7.1　特色旅游

本次调查中，从事民宿或餐饮行业的受访家庭有206个，约70%的受访者从事餐饮行业，22.82%从事住宿行业，其余13户从事住宿及餐饮行业，占总样本的6.31%（图1-64）。其中仅有5户雇用了工作人员，仅占206个有效样本的2.43%。

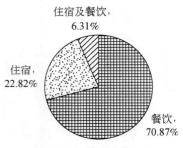

图 1-64　主要经营业务

从资金来源看，206个有效样本中，绝大多数样本的初始资金来源是自筹，共197户，占有效样本的95.17%（图1-65）。极少数样本通过银行贷款或民间

借贷获取初始资金，但没有样本通过政府筹集初始资金，

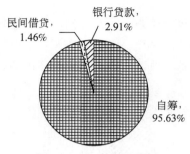

图 1-65　初始资金来源

　　根据统计结果，206 个样本中，从事餐饮行业的有效样本有 159 个，从事住宿行业的有效样本有 60 个。[1] 对经营性年收入的统计结果显示，从事餐饮行业的样本经营性年收入多在 9 万～12 万元，共有 44 个，占从事餐饮行业样本总数的 27.5%，其次有 34 户年收入在 3 万～6 万元，占比为 21.25%，年收入在 3 万元以下的样本有 24 个，占比 15%。16.25% 的样本收入在 15 万元以上。相比之下，从事住宿行业的样本经营性年收入较高，以 12 万～15 万元居多，占从事住宿行业样本总量的 35%，年收入在 9 万～12 万元和 3 万～6 万元的样本数持平，均占 20% 左右，年收入在 3 万元及以下的样本仅 3 个，占比 5%，而有 16.67% 的样本经营性年收入超过 15 万元（图 1-66）。

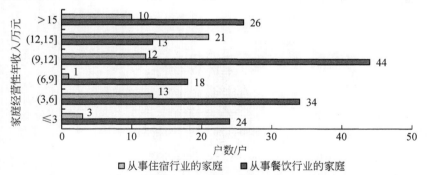

图 1-66　从事特色餐饮或住宿行业的家庭经营性年收入

---

　　① 在 206 个有效样本中，有 146 个样本仅从事餐饮行业，47 个样本仅从事住宿行业，13 个样本从事餐饮及住宿行业。本章在对样本的经营性收入进行统计时，将以上 13 个样本经营餐饮和住宿业务的收入分开进行了统计并分别纳入餐饮行业样本和住宿行业样本，故从事餐饮行业和住宿行业的有效样本分别为 159 个和 60 个。

1.7.2　特色产业

本次调查的特色产业包括炒茶、海产养殖、物流仓储、作物种植、家庭手工业等5个行业，受访家庭共263户。由于本次调查乡村样本抽样主要以特色产业的分布为准，故从事以上各行业的样本均占总样本的20%左右（图1-67）。

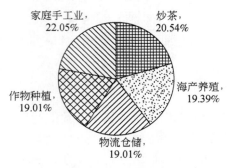

图1-67　从事特色产业的家庭主要经营业务

263个有效样本中，绝大多数样本的初始资金来源是自筹，共245户，占有效样本的93.16%（图1-68）。极少数样本通过政府筹集资金、银行贷款或民间借贷获取初始资金，分别有8户、6户和4户。而从雇佣人员情况来看，有17户家庭雇用了工作人员70人，占样本总数的6.46%，其中15户从事物流仓储行业，共雇用工作人员68人。

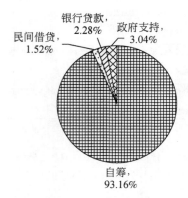

图1-68　从事特色产业的家庭初始资金来源

对经营性收入的统计结果（图1-69）显示，从事特色产业的家庭收入较为集中，其中超过半数的经营性年收入不超过3万元，共有131户，占从事特色产业家庭总数的61.22%，此后随着收入增加，相应收入段的人数依次递减。55户经营性年收入在 3 万~6 万元，占比为 20.91%，经营性年收入在 6 万~9 万元的家庭数有 35 户，占比 13.31%。经营性年收入在 9 万~12 万元和超过 12 万元的家庭数各有 21 户，占比均为 7.98%。

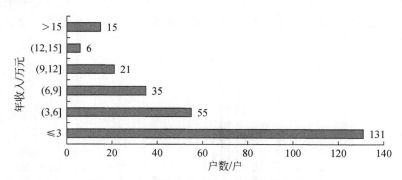

图 1-69　从事特色产业的家庭经营性年收入

1.7.3　特色旅游和特色产业家庭的家庭特征

在 1269 份有效受访样本中，共有 263 户从事特色产业，206 户从事特色旅游，共 469 户特色总体。特色户总体在厨房设备、家庭电器以及取暖制冷设备的使用上与总样本并无较大差异，以下为特色户总体与总体样本不同的家庭特征：

1.7.3.1　特色旅游家庭常住人口以本人为主，特色产业家庭以配偶为主

与总体有效受访样本相似，特色样本中，家庭总人数以 3 人为主，家庭常住人口数以 2 人为主。如图 1-70 所示，从事特色旅游的家庭中，本人所占比例较高；从事特色产业的家庭中，配偶所占比例很高。父母、子女较少参与家庭特色生产运营。

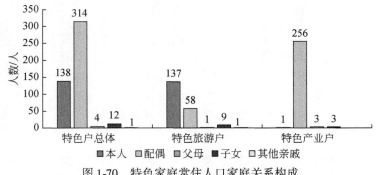

图 1-70　特色家庭常住人口家庭关系构成

1.7.3.2 特色旅游家庭出生年份以 70 年代为主，特色产业家庭以 60 年代为主

相比较于总体有效样本家庭常住人口出生年份以 70 年代最多，特色旅游家庭出生年份也以 70 年代为主；特色产业家庭出生年份则以 60 年代为主，70 年代出生人口仅次于 60 年代（图 1-71）。

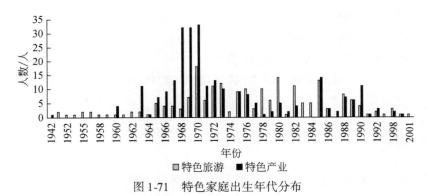

图 1-71 特色家庭出生年代分布

1.7.3.3 男性从业人数多于女性

不同于总体有效样本女性略多于男性，从事特色产业和特色旅游行业的样本中，男性人数多于女性，其中从事特色产业的女性比例略少于从事特色旅游的女性比例（图 1-72）。

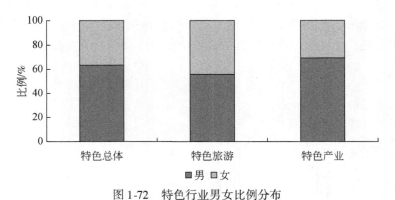

图 1-72 特色行业男女比例分布

1.7.3.4 2017 年家庭人口在本地工作的比例大于总体样本

总体有效样本中，2017 年，83.89% 的家庭人口在本地工作，5.5% 的家

庭人口在家做家务；在从事特色产业和特色旅游的样本中，96.16%的家庭人口在本地工作，2.77%的家庭人口在家做家务。也即从事特色行业的家庭在本地工作的比例大于总体样本，在家做家务的比例小于总体样本（图1-73）。

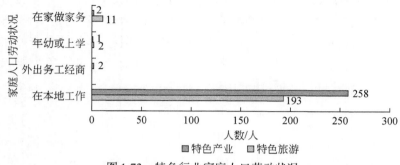

图1-73　特色行业家庭人口劳动状况

1.7.3.5　从事特色旅游的个体经营者较多，从事特色产业的个体经营者和农民较多

总体有效样本中，工作人口职业类型中个体经营者和公司职员较多。在从事特色旅游和特色产业的样本中，个体经营者占比较多；其中，从事特色产业的样本在选择职业类型时，选择个体经营者和农民的占比最高，且人数相近（图1-74）。

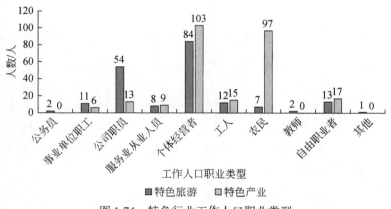

图1-74　特色行业工作人口职业类型

1.7.3.6　特色旅游家庭年收入高于特色产业家庭，特色行业家庭年收入高于普通农村家庭

如图1-75所示，从事特色旅游的家庭获得较高年收入的比例大于从事特色产业的家庭；6.3%的从事特色旅游的家庭年收入小于5万元，14.1%的特色旅游家庭年收入在 5 万～10 万元，34.5% 的特色旅游家庭年收入在 10 万～15 万元，28.6% 的特色旅游家庭年收入在 15 万～20 万元，8.3% 的特色旅游家庭年收入在 20 万～25 万元；9.5% 的从事特色产业的家庭年收入小于 5 万元，43% 的从事特色产业的家庭年收入在 5 万～10 万元，31.2% 的从事特色产业的家庭年收入在 10 万～15 万元，12.5% 的从事特色产业的家庭年收入在 10 万～15 万元。即多数特色旅游家庭年收入位于 10 万～20 万元的区间中，多数特色产业家庭年收入位于 5 万～15 万元的区间中。与总体有效样本相比，从事特色行业的家庭年收入普遍高于本次调研的农村样本。

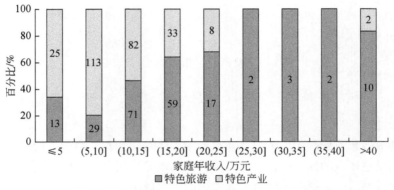

图 1-75　特色行业家庭年收入分布百分比堆积

1.7.3.7　特色旅游家庭总支出大于 5 万元比例高于特色产业家庭

如图 1-76 所示，65% 的特色旅游家庭 2017 年总支出小于 5 万元，28% 的特色旅游家庭 2017 年总支出在 5 万～10 万元，5% 的特色旅游家庭 2017 年总支出在 10 万～15 万元；77% 的特色产业家庭 2017 年总支出小于 5 万元，22% 的特色产业家庭 2017 年总支出在 5 万～10 万元。与总体有效样本相比，特色行业的支出分布与农村样本支出分布相似，其中特色旅游家庭较高支出的比例略高于农村样本家庭较高支出的比例。

1.7.3.8　特色行业家庭支出结构与总体样本相似，特色产业家庭在教育上支出较大

总体有效样本的支出结构中，食物占比 31%，衣着占比 18%，教育占比 12%，交通占比 10%；特色行业的支出结构与总体有效样本相似，其中特色产业家庭在衣着上的支出较小，为 13%，在教育上的支出较大，达到 16%（图 1-77）。

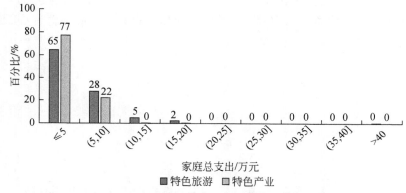

图 1-76　特色行业家庭总支出分布百分比

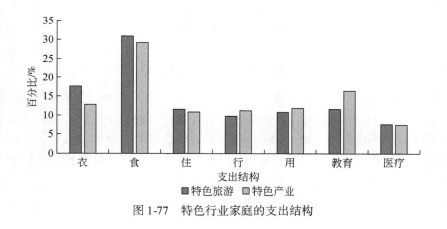

图 1-77　特色行业家庭的支出结构

1.7.3.9　拥有土地的特色产业家庭较多，且土地面积较大

总体有效样本中，拥有土地的住户占受访农村住户的 64.22%；拥有土地的特色旅游住户占总特色旅游家庭的 45.14%，拥有土地的特色产业住户占总特色产业家庭的 71.86%（图 1-78）。

在拥有土地的特色旅游住户中，土地面积小于等于 3 亩的家庭共 41 户，占总拥有土地家庭 93 户的 44.1%；拥有 3～6 亩土地的家庭共 28 户，占比 30.1%；拥有 6～9 亩土地的家庭共 23 户，占比 24.7%（图 1-78）。

在拥有土地的特色产业家庭中，土地面积小于等于 3 亩的家庭共 66 户，占总拥有土地家庭 189 户的 34.92%；拥有 3～6 亩土地的家庭共 44 户，占比 23.28%；拥有 6～9 亩土地的家庭共 72 户，占比 38.1%，拥有 9～12 亩土地的家庭共 7 户，占比 3.7%（图 1-78）。

特色旅游家庭拥有土地的比例小于总体农村样本，特色产业家庭拥有土地的比例大于总体农村样本。其中拥有土地的特色旅游家庭土地面积普遍小于拥有土地的特色产业家庭土地面积。

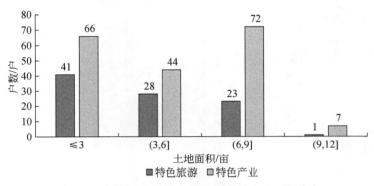

图 1-78　拥有土地的特色行业住户的土地面积分布

1.7.3.10　拥有较大住房建筑面积的家庭比例较高

总体有效样本中，住房建筑面积多为（90，120］平方米。在特色样本中，26%的从事特色旅游的家庭住房建筑面积为（150，180］平方米，24%的特色旅游家庭住房建筑面积为（90，120］平方米。从事特色产业的家庭中，29%的住房建筑面积为（150，180］平方米（图 1-79）。即从事特色旅游和特色产业的家庭拥有较大住房建筑面积的比例大于总体有效样本的家庭。

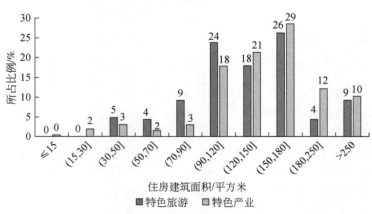

图 1-79　特色行业住房建筑面积分布

1.7.3.11 夏季日照时间低于总体样本，冬季日照时间高于总体样本

总体有效样本中，夏季的房屋平均日照时间多在（6，8］小时。特色样本中，从事特色产业的家庭房屋平均日照时间集中在（2，4］小时；从事特色旅游的家庭中，有23.3%的家庭房屋平均日照时间在（5，6］小时（图1-80）。即特色行业的房屋在夏季的平均日照时间较小的比例大于总体样本中的比例。

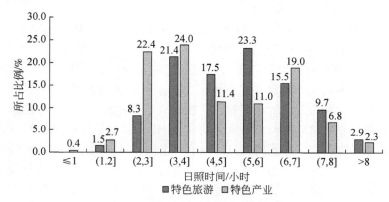

图1-80　特色行业的房屋在夏季的平均日照时间分布

总体有效样本中，冬季的房屋平均日照时间多在（5，6］及（3，4］小时。而在特色样本中，分别有24.7%及37.6%的从事特色产业的家庭的房屋在冬季的平均日照时间在（5，6］及（6，7］小时；对特色旅游家庭，分别有28.2%、20.9%及19.4%的房屋在冬季的平均日照时间在（6，7］、（7，8］及大于8小时（图1-81）。即特色行业的房屋在冬季的平均日照时间较大的比例大于总体样本中的比例。

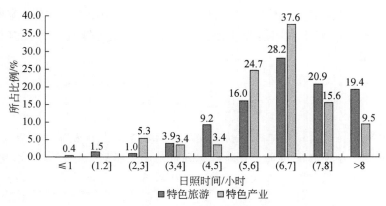

图1-81　特色行业的房屋在冬季的平均日照时间分布

1.8 本章小结

本章在有效样本的基础上对问卷结果进行了描述性统计,描述了样本的家庭特征、住房情况、厨房设备及家用电器情况、取暖与制冷情况及家庭电力消费情况。针对乡村样本,进一步描述了电力消费情况及主观期望、新能源的推广情况及特色旅游和特色产业发展情况。

本次调研样本共覆盖 11 个城市,其中城镇样本 425 个,乡村样本 844 个。乡村样本中包括普通家庭 375 个,特色旅游家庭 206 个,特色产业家庭 263 个。在受访家庭中,家庭总人口数以 3 人为主,常住人口以 2 人为主,劳动力数量以 2 人为主;绝大多数受访者常年在本地工作,年收入多为 5 万~10 万元。

对于家庭电力消费的统计结果显示,在电价政策方面,多数家庭表示相较于单一电价更偏好峰谷电价,且与两种备选方案相比,近半数家庭更偏好现行电价方案;在电费缴纳方面,多数家庭按月定时支付电费,且多通过银行自动转账或扣款缴费。此外,在对农村家庭用电期望进行调查时,超过90%的农村受访家庭对当前整体的电力设施和服务表示认可(满意程度为一般及以上),且多数家庭表示,当收入增加时,会增加对空调、电饭煲等常用用电设备的使用数量。

对从事特色旅游和从事特色产业家庭的调查结果显示,从事特色旅游(餐饮行业和住宿行业)的经营性收入相对较高,多在 9 万~15 万元;从事特色产业的经营性收入较低,多在 5 万元以下。且从事特色旅游及特色产业的家庭体现出了诸如男性比例较大,家庭人口 2017 年在本人工作比例较大,拥有较大住房建筑面积的家庭比例较高等与总体样本不同的家庭特征。其中特色产业家庭相比特色旅游家庭,在教育上支出较多,拥有土地的比例更大。

通过调查农村样本对于电动汽车了解程度和太阳能光伏板安装情况可以看出,新能源在农村的推广效果比较有限。对于电动汽车,近 90% 的家庭表示不了解或了解较少;对于太阳能光伏板,超过 95% 的受访家庭表示无打算或尚未决定是否安装。

【专栏一】电动汽车

近年来,随着汽车工业的快速发展,机动车尾气排放带来的污染问题日益突出。各国政府和企业普遍认识到节能和减排是未来汽车技术发展的重要方向和必然趋势。在这一背景下,相对清洁的电动汽车日益成为人们关注的焦点。电动汽车是主要以电池为动力源，全部或部分由电机驱动的汽车，主要包括纯电动汽车、混合动力汽车和燃料电池动力汽车。

电动汽车的优势之一在于其污染排放较小。依据驱动原理，电动汽车一般无直接排放污染物，而间接污染物可能产生于发电环节或来源于电池废弃物。就发电环节而言，电动汽车的发电来源一般包括火力发电和较为清洁的水力发电和原子能发电。其中，使用火力发电的电动汽车可能造成污染，但相关资料显示，其污染的控制难度也远小于传统燃油汽车，而使用清洁能源发电的汽车则基本不会带来污染问题。就电池废弃物而言，随着近年来电动汽车的快速发展，其电池回收技术也日渐成熟，电池废弃物所造成的环境问题也能够得到解决。此外，电动汽车还能够有效缓解噪音污染。相关资料显示，电动汽车产生的噪声比同类燃油车辆低5分贝以上，故电动汽车的大规模推广将能够有效减少噪声、降低城市环境污染。因此，电动汽车的推广能够带来巨大的环境效益。

与传统燃油汽车相比，电动汽车的另一优势在于节约能源。据测算，将原油提炼成汽油、柴油并用于燃油汽车驱动时，平均能量利用率为14%左右。而采用混合动力技术后，即使依靠燃烧重油发电驱动电动汽车，其能量利用率也至少可达到20%。其他发电方式驱动的电动汽车能量利用率将更高。同时，电动汽车具有能源来源多元化的特点，向蓄电池充电的电力可以由煤炭、天然气、水力、核能、太阳能、风能、潮汐能等能源转化，从而电动汽车的推广和普及也能够有效减少我国对于石油资源的依赖。

因此，电动汽车能够实现环境保护和能源节约，具有明显的社会效益。电动汽车的推广普及和相关产业的发展也无疑将成为提升大气环境质量、改善能源消费结构和实现汽车强国的重要途径，同时也是我国在环保与节能问题上与国际接轨、树立我国大国形象的重要手段。

一、浙江省电动汽车发展现状

浙江省是我国电动汽车推广运营的重点区域，电动汽车大规模的推广已经逐步展开。

从电动汽车保有量来看，国网浙江省电力公司的统计数据显示，截至2018年10月，浙江全省的电动汽车保有量已超过十万辆，达到138 745辆，包括乘用车和商用车，覆盖公交车、出租车、公务车、私家车、快递物流车和环卫车等多个应用领域。制造企业则主要有众泰、康迪、比亚迪、万向和特斯拉等。

从充电桩建设情况来看，根据中国汽车工业协会公布的数据，2017年，浙江省充电基础设施保有量为9866个，在全国排名第8位。其中由国网浙江电力累计建成投运的电动汽车充电桩4760个。此外，浙江省政府出台了《浙江省电动汽车充电基础设施"十三五"发展规划》及《浙江省电动汽车充电基础设施建设运营管理暂行办法》，促进省内电动汽车充电网络建设，优化全省充电设施布局。在多项政策的支持和引导下，2017年，国网浙江电力在高速公路服务区内累计建成投运电动汽车快充电站130个，电动汽车充电桩496个。目前，浙江已成为国内第一个实现全省主要高速公路服务区快充网络全覆盖的省份。

电动汽车在浙江的推广和发展离不开电网企业的大力推动。一方面，电网企业依托浙江充电联盟，利用"互联网+"技术，搭建了全省统一的、公益性充电基础设施信息智能服务平台，集中分散资源，实现政府、企业、用户三者的信息共享和互联，同时积极推进和完善标准体系建设，通过多方保障为全社会提供高效优质的共享服务。2017年，这一平台累计接入运营商15家，累计接入充电桩9368个。共享平台的建立带动了相关产业的集聚发展，推动了浙江省电动汽车产业链的形成。另一方面，2018年10月，在电网企业的推动下，浙江省发布了国内外首个电动汽车绿色发展指数，以期综合反映电动汽车电桩利用以及电动推广效益。这一指数既是大数据应用与电动汽车服务深度融合的典型范例，也对进一步推进全省电动汽车充电基础设施建设、提升充电服务水平具有积极意义。

二、电动汽车在浙江农村推广情况

在浙江大力推广和发展电动汽车的背景下，本次调查着重研究了电动汽车在浙江农村的推广情况，主要包括调查对象对电动汽车的了解程度、了解渠道、各项性能评价及电动汽车的购买情况。调查结果如下。

（一）大多数样本对电动汽车了解较少

受访者对于电动汽车的了解情况。对于电动汽车了解情况的有效样本有844个，其中754个样本表示不了解或了解较少，占样本总数的近90%，84个样本表示一般了解，6个样本表示了解较多或非常了解。

对于90个对电动汽车了解程度在一般了解及以上的样本，我们进一步调查了其了解电动汽车的渠道、对电动汽车的指标评价及购买意向。

（二）对于电动汽车的了解渠道主要为传统媒体和新媒体

从了解渠道来看，多数家庭通过包括电视、报纸等在内的传统媒体和微信公众号等新媒体了解到电动汽车，两者占有效样本的比例分别为41.11%和28.89%。其次为通过周围其他人了解，共有17人，占比约为19%。通过包括到4s店咨询在内的其他方式了解到电动汽车的样本约为11%（图1-82）。

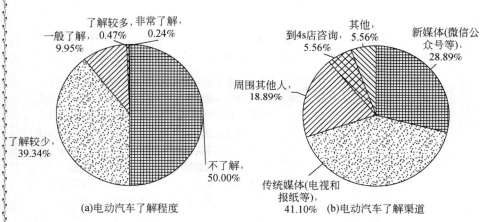

图1-82 受访家庭对电动汽车的了解程度及了解渠道

（三）续航能力是多数家庭评价电动汽车时最为关心的指标

我们为电动机车提供了售后服务、优惠政策、价格、质量、充电便利性、能耗成本、环保性、续航能力等8个评价指标，统计结果显示，电动汽车续航能力是样本家庭相对最为关心的性能，认为其重要或非常重要的样本家庭有79户，其次是电动汽车的能耗成本和价格。与以上指标相比，电动汽车是否环保及售后服务是否完善的重要性相对较小（图1-83）。

此外，绝大多数受访者均认为电动汽车的以上各项指标不劣于油车。其中较多人认为电动汽车的环保性和优惠政策好于油车，分别有71户和68户；其次为能耗成本，61户认为与油车相比，电动汽车的能耗成本较低。认为电动汽车的续航能力差或充电不便利的家庭各有9户（图1-84）。

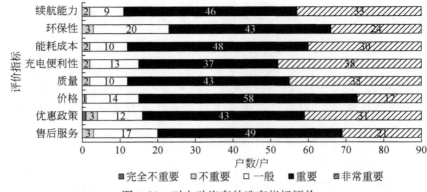

图 1-83　对电动汽车的选车指标评价

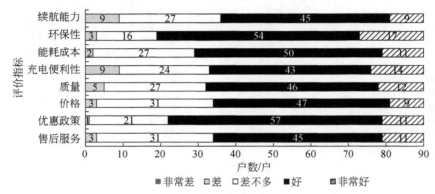

图 1-84　电动汽车相对于油车的指标评价

（四）购买或计划购买电动汽车的家庭较少，电动汽车的充电便利性是多数家庭顾虑的因素

在调查过程中，90 个有效样本中没有家庭已购买电动汽车，仅有 1 户已基本确定要购买，10 户则表示经常考虑要购买，但尚无明确购买计划。其余 79 户则表示仅偶尔想过或几乎没想过要购买，占有效样本总数的 87.78%（图 1-85）。

对电动汽车有所了解但不打算购买的样本数为 79 户。从其不打算购买电动汽车的原因来看，36 户是考虑到电动汽车充电不便，其次较多家庭认为电动汽车续航能力差和价格高，分别占样本总数的 12.66% 和 11.39%。此外，少数家庭不购买电动汽车是认为其优惠政策力度较小或安全性能低，均占样本数的 8% 左右。3 个家庭不购买的原因是认为电动汽车的售后服务差（图 1-86）。

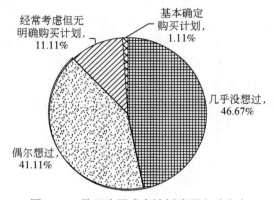

图 1-85　是否购买或有计划购买电动汽车

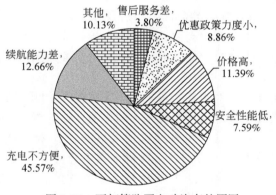

图 1-86　不打算购买电动汽车的原因

三、总结

　　从我们的调查结果来看，在浙江农村，电动汽车的推广和普及情况并不理想，在全部受访家庭中，仍有近90%的家庭表示对电动汽车不了解或了解十分有限。对于对电动汽车较为了解的家庭，汽车的续航能力和充电便利性是其最为关心的指标。此外，尽管浙江省近年来出台多项政策引导和规划充电基础设施的建设，但调查结果显示，多数家庭了解但并未购买电动汽车的原因也是考虑到其充电的便利性较差。

　　因此，从结果来看，电动汽车在浙江农村仍有十分广阔的可推广空间。

相关部门和企业可以以此为契机，进一步引导人们树立正确的观念，摆脱对于电动汽车的传统偏见，使人们对于电动汽车的发展现状和前景具有更为清晰的认识。同时，尽管调查样本有限，但这一结果也启示我们应当进一步增强电动汽车的竞争力，在短期内，应当坚持完善农村地区充电基础设施的建设，打消消费者对于充电便利性的顾虑；长期内应进一步加大相关技术的创新研发投入，从根本上提高电动汽车的续航能力，争取实现电动汽车行业的突破性进展。

【专栏二】分布式光伏

近年来，全球范围内日益严重的传统化石能源危机和不断增大的环境压力是推动清洁能源发展的重要因素。太阳能作为一种"取之不尽，用之不竭"、可再生且清洁环保的能源，已经成为实现能源结构优化和绿色发展的重要选择，开发和利用太阳能也成为各国保障能源安全、实现可是续发展的必然结果。因此太阳能发电的发展吸引了各国政府、企业及研究机构的空前关注。

太阳能光伏发电是太阳能利用的一种重要形式。从发电原理来看，光伏发电采用的是运用太阳能电池将光能转化为电能的发电方式，不存在中间过程（如电能、机械能和电磁能之间的转换等）和机械运动，且发电过程无需其他水源和燃料的支持，因此本质上是一种"零排放"发电方式，不会对环境造成污染，也不会对人体健康产生任何潜在危害。此外，由于太阳能电池组件构造简单，光伏发电系统建造及运行操作极为简便，从而与传统燃料发电站相比，能够在很大程度上降低发电设备安装和运行维护的人力成本，具有巨大的发展空间。

太阳能光伏发电有光伏电站和分布式光伏两种方式。相比光伏电站，分布式光伏的优势在于安装地点更为灵活，可以在地面、水泥屋顶、彩钢瓦屋顶、阳台或幕墙上安装，且安装方式简洁，可以直接铺设，不影响建筑结构和屋面防水。因此在国家政策的引导和鼓励下，分布式光伏日益受到各地政府的关注。

一、浙江分布式光伏发展现状

为推动分布式光伏发展，2012年12月起，浙江省政府就开始在浙江省嘉兴市开展光伏"五位一体"模式创新综合试点，集光伏装备产业基地、光伏产业技术与体制创新、光伏发电集中连片开发的商业模式创新、适应分布式能源的区域电网建设和政策集成支持体系创新于一体，实现了屋顶业主与开发商的有效匹配，极大促进了本地分布式光伏产业的发展，也为此后浙江省分布式光伏的发展奠定了基调。

从政策角度看，2013年，浙江省出台《浙江省人民政府关于进一步加快光伏应用促进产业健康发展的实施意见》（浙政发〔2013〕49号），指出要总结"五位一体"创新综合试点经验，按照"自发自用、余量上网"的方式，重点建设屋顶分布式光伏发电系统。2014年，浙江省经济和信息化委员会与浙江能源局联合出台了《关于鼓励企业自投自用分布式光伏发电的意见》，鼓励工商企业利用自有和经营场所附近的屋顶资源等，建设自发自用为主、多余电量电网收购的分布式光伏。2016年9月，浙江省政府办公厅印发了《关于推进浙江省百万家庭屋顶光伏工程建设的实施意见》，提出2016~2020年全省建设家庭屋顶光伏装置100万户以上，总装机规模300万千瓦左右的目标。随后又陆续出台了《浙江省太阳能发展"十三五规划"》《关于浙江省2018年支持光伏发电应用有关事项的通知》等文件，进一步明确了浙江省分布式光伏的发展目标和规划，也提供了强有力的政策保障。

从分布式光伏装机量来看，根据国家能源局公布的数据，就2015~2017年全国范围内有统计数据的32个地区而言，浙江省的分布式光伏累计装机量连续三年均为全国第一。2017年，浙江分布式光伏电站累计装机为499万千瓦。2018年，浙江光伏装机规模继续增大，2018年上半年，浙江新增光伏发电装机容量179万千瓦，其中分布式新增装机164万千瓦。截至2018年上半年，浙江全省累计光伏装机容量为993万千瓦，其中分布式光伏累计装机容量663万千瓦，分布式光伏装机容量仍居全国首位。

二、分布式光伏在浙江农村的推广情况

与城市相比，农村在分布式光伏的发展方面往往更具优势且能获得更大的效益。一方面，相比城市，农村的房屋往往占地面积较大，能够提供丰富的屋顶资源，且产权归属明确，基本不存在共用产权和其他涉及使用权的问题；另一方面，大力推进分布式光伏能够为本地居民提供的清洁供给，对优化农村能源结构、转变用能方式、改善生态环境具有重要意义，

是推进"美丽乡村"建设的重要举措。此外，如果能充分利用分布式光伏"分散、灵活"的特征，将分布式光伏的发展与农村农业、交通、公共设施建设等领域的发展有机结合，对于充分开发利用现有资源、进一步推进传统农业的现代化发展具有重要意义。

但是，从调研结果来看，分布式光伏在浙江农村的推广仍十分有限。

（一）分布式光伏普及程度较低

统计结果显示，在844个有效样本中，仅24个样本家庭安装了太阳能光伏板，占比约为2.84%。在安装光伏板的样本中，在安装年份方面，有效样本有23个，其中有20个样本的光伏板安装时间是2014年及以后。此外在补贴方面，有效样本24个，其中有16个表示不清楚安装分布式光伏是否有补贴，6个则表示没有补贴。

（二）绝大多数家庭均表示没有计划或不清楚是否要安装光伏板

在820个未安装太阳能光伏板的家庭中，仅23户表示有计划安装光伏板，405户家庭表示没有计划安装，接近样本总数的一半，其余392户则表示尚不确定以后是否会安装（图1-87）。

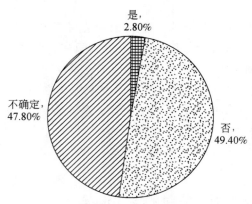

是，
2.80%

不确定，
47.80%

否，
49.40%

图1-87　是否有计划安装太阳能光伏板

（三）家庭安装光伏板的计划多与邻居行为一致

问及其邻居是否安装太阳能光伏板，多数受访家庭表示不清楚，占820个有效样本的47.56%；其次为没有安装，共有366户，占比约为45%；

64 户家庭表示邻居安装了太阳能光伏板（图1-88）。

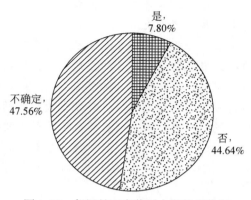

图 1-88　邻居是否安装了太阳能光伏板

　　但是进一步对比有计划安装太阳能光伏板的样本、没有计划安装的样本及不确定的样本中邻居安装太阳能光伏板的比例可以发现，尽管计划安装太阳能光伏板的样本仅有 23 户，但其中 16 户表示邻居安装了光伏板，占比约为 69.57%；没有计划安装太阳能光伏板的样本中，65.40% 的样本表示其邻居也没有计划安装太阳能光伏板。这一结果反映了受访家庭的行为在很大程度上可能与邻居行为一致，或者说其决策可能受到邻居的影响（图 1-89）。

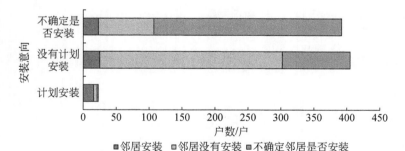

图 1-89　未安装光伏板的家庭中邻居安装光伏板情况

三、总结

　　根据调查结果，尽管浙江省分布式光伏的发展在全国处于领先地位，但其在浙江农村地区的普及程度仍然很低，超过 90% 的受访者表示家中并没有安装太阳能光伏板且没有明确的安装计划。同时，我们的调查也得出了一个较有启发性的结果：尽管我们的样本量有限，但仍能看出样本对于安装光伏板的计划在很大程度上与邻居安装光伏板的行为一致。

因此，从结果来看，分布式光伏在浙江农村仍有很大的发展空间。政府部门可以加大分布式光伏在农村地区的推广力度，为浙江省分布式光伏产业的实现进一步突破性发展和继续领跑全国提供了新的机遇和动力。此外，考虑到个体行为可能受到群众影响，在分布式光伏的推广过程中，可以将推广重心向目前没有家庭安装光伏板的地区转移，首先在这些地区实现零的突破，再以小部分带动大部分，有效推动分布式光伏的发展，使得在各个地区推广分布式光伏的边际成本与边际收益相等。

第 2 章　家庭能源消费估算方法

2.1　基本思路和方法

家庭日常衣食住行等活动通常伴随不同程度的能源消费量，不同活动对能源种类需求并不相同，即使同一活动，其所使用能源的种类亦可能并不唯一。除此以外，不同地区不同家庭出于地区获取能源的便捷性和经济性考虑，其能源消耗活动所涉及的能源种类更为多样，且由于不同家庭的活动频率存在差异，其对应的能源消费量亦有区别。因此，在核算家庭能源消费时，需具体至每个家庭在每项能源消费活动中所使用的能源种类，并根据其活动特征（如使用频率、使用时长等）得出该能源的实际消费量，并合算家庭各项活动的各类能源消耗量，从而得出该家庭的能源消费总量。

假设有 i 个家庭，使用了 n 类能源种类（如煤、生物质能等），能源主要用于 m 类消费活动（如烹饪、取暖等），用途有 l 种（如自用，提供餐饮服务等）。对于第 i 个家庭，以 $\mathrm{Energy}_{i,l,m,n}$ 表示第 n 种能源用于第 m 类消费活动第 l 种用途的实物消费量，相应的可以根据每类能源品的折标系数 coef_n 调整为以千克标准煤（kgce）计量的标准能源消费量。

第 i 个家庭全年的能源消费量按以下公式计算：

$$\mathrm{Energy}_i = \sum_{l=1}^{L} \sum_{m=1}^{M} \sum_{n=1}^{N} \mathrm{Energy}_{i,l,m,n} \times \mathrm{coef}_n \tag{2-1}$$

第 i 个家庭的第 n 类能源消费量为：

$$\mathrm{Energy}_{i,n} = \sum_{l=1}^{L} \sum_{m=1}^{M} \mathrm{Energy}_{i,l,m,n} \times \mathrm{coef}_n \tag{2-2}$$

第 i 个家庭的第 m 类活动的能源消费量为：

$$\mathrm{Energy}_{i,m} = \sum_{l=1}^{L} \sum_{n=1}^{N} \mathrm{Energy}_{i,l,m,n} \times \mathrm{coef}_n \tag{2-3}$$

第 i 个家庭的第 l 种用途的能源消费量为：

$$\mathrm{Energy}_{i,l} = \sum_{m=1}^{M} \sum_{n=1}^{N} \mathrm{Energy}_{i,l,m,n} \times \mathrm{coef}_n \tag{2-4}$$

本次调查所涉及的能源包括十一类，即电力、管道天然气/煤气、瓶装液化气、柴油、其他燃料油、薪柴、木炭、煤、地热、太阳能和太阳能电加热。

家庭能源消费活动分为五类，即炊事、取暖、制冷、家用电器和热水。针对农村炒茶、海产养殖、作物种植、家庭手工业、物流仓储类型的家庭，我们计算了生产设备用能，但没有包含到家庭能源总消费中。烹饪设备和家用电器的消费量主要由设备的单位能耗（如电力设备的输出功率或非电力烹饪设备的燃料单位消耗流量）、使用频率和使用时间决定。

能源用途分为五种，即自用常用、自用非常用、提供餐饮服务、提供民宿服务和自用与提供服务。

以下将按家庭能源消费活动特征来分类估计能源消费量。

2.2 厨房设备用能估算

调查中所涉及的厨房设备包括主要的灶头设备，如柴火灶/土灶、蜂窝煤炉、油炉、电磁炉、煤气炉、沼气炉和太阳能灶等；其他烹饪设备，如电饭煲、微波炉、烤箱、抽油烟机和排气扇等。在估计厨房设备的能源消耗量时，由于没有获得设备对应的能源类型，我们根据设备类型对所用能源进行假设，假设柴火灶/土灶以瓶装液化气、薪柴为主要能源，蜂窝煤炉以蜂窝煤/煤球为主要能源，油炉以汽油/柴油/煤油为主要能源，煤气灶以瓶装液化气、管道天然气、管道煤气为主要能源，沼气灶以沼气为主要能源，太阳能灶以太阳能为主要能源，电磁炉、电饭煲、微波炉、烤箱、抽油烟机、排气扇以电力为主要能源。对于抽油烟机、排气扇，我们设定抽油烟机的功率为 260 瓦，排气扇的功率为 40 瓦。

计算厨房设备的能源消耗需要考虑以下几个因素：设备的单位小时能耗（如电器设备的输出功率）、每天使用频率、每次平均工作时间和每年使用天数。烹饪设备的每天使用频率、每次平均工作时间和一年中所使用天数的乘积即为设备每年使用时间，该设备一年中所使用天数为住户每年在该住房（接受调查时的住房）居住的天数。

$$Energy_{厨房设备}（千克标准煤/年）= 单位小时能耗_{厨房设备}（千克标准煤/小时）$$
$$\times 使用时间_{厨房设备}（小时/年） \qquad (2-5)$$

灶头的单位小时能耗参数，除了以电力为燃料的设备直接采用其输出功率外，其他均查阅文献和行业技术标准来确定。其中蜂窝煤炉的单位消耗速度为0.33 千克/小时；以薪柴为燃料的柴火炉/土灶的单位消耗速度为 2.00 千克/小时；以管道天然气/煤气/沼气为燃料的灶头的单位流量为 0.40 米³/小时；以瓶装液化气为燃料的灶头的单位流量为 0.31 千克/小时。

2.3 家用电器用能估算

问卷调查中所涉及的家用电器主要包括电冰箱与冷柜、洗衣机、电视机、计算机以及照明灯泡，设备燃料均为电力。计算家用电器的能源消耗需要考虑几个因素，即设备的输出功率、设备容量、每天使用频率、每次平均工作时间、每年使用天数及其能源效率等。

2.3.1 电冰箱与冷柜

在估计电冰箱与冷柜的耗电量时，由于问卷包括了电冰箱与冷柜的功率信息，我们可以通过功率大小与使用时间来计算其耗能量。

电冰箱与冷柜的耗电量为参考功率与平均工作时间的乘积，并以能源效率进行修正。能源效率标识包括没有标识、一级能效、二级能效、三级能效、四级能效、五级能效等六种，依据《家用电冰箱耗电量限定值及能源效率等级（GB12021.2—2008）》中提供的能效指数计算方法，确定电冰箱的能效指数。电冰箱的实测耗电量等于其基准耗电量乘以能效指数。由于无法确认电冰箱各个间室的类型，2~5级能效的电冰箱取能效指数各区间的均值；1级能效的电冰箱取较低的能效指数0.4；无能效标识的电冰箱不进行能效调整，取能效指数为1。其调整后的参数区间见表2-1。

表 2-1 冰箱的能效指数

能效等级	能效指数（冷藏冷冻箱）	能效指数（其他类型）	能效系数
1	[0, 40%]	[0, 50%]	0.6
2	(40%, 50%]	(50%, 60%]	0.7
3	(50%, 60%]	(60%, 70%]	0.8
4	(60%, 70%]	(70%, 80%]	0.9
5	(70%, 80%]	(80%, 90%]	1.0
无能效标识	—	—	1.0

因此电冰箱/冷柜实测耗电量的计算公式如下：

$$\text{Energy}_{\text{test}} = \eta \times (M \times V + N)/365 \tag{2-6}$$

式中，$\text{Energy}_{\text{test}}$ 为实测耗电量，单位为千瓦时/天；M 为参数，单位为千瓦时/升，其值为 0.526（电冰箱）或 0.567（冷柜）；N 为参数，单位为千瓦时，其值为 228（电冰箱）或 205（冷柜）；V 为电冰箱容量，单位为升，其值从调查中获得；η 为处理后的能效指数。

计算电冰箱与冷柜每年的能源消耗时，设备在一年中所使用的天数为住户每年在该住房（接受调查时的住房）居住的天数。年实测能耗（标准量）的具体公式如下：

$$\text{Energy}_{电冰箱/冷柜}（千克标准煤/年）= \text{Energy}_{电冰箱/冷柜}（千瓦时/天）$$
$$\times 使用时间_{电冰箱/冷柜}（天/年）\qquad (2\text{-}7)$$
$$\times 电力折标系数（千克标准煤/千瓦时）$$

2.3.2 洗衣机

估计洗衣机的耗电量时，由于问卷包括了洗衣机功率信息，我们可以通过洗衣机的功率大小与使用时间来计算其耗能量。

计算洗衣机每年的能源消耗时，设备在一年中使用的天数为住户每年在该住房（接受调查时的住房）居住天数；设备每天使用时间为设备每次使用时间×设备每天使用频率。计算公式如下：

$$\text{Energy}_{洗衣机}（千克标准煤/年）= 设备功率_{洗衣机}（千瓦）$$
$$\times 使用时间_{洗衣机}（小时/年）\qquad (2\text{-}8)$$
$$\times 电力折标系数（千克标准煤/千瓦时）$$

2.3.3 电视机

在估计电视机的耗电量时，由于问卷包括了电视机功率的信息，我们可以通过电视机的功率大小与使用时间来计算电视机的耗能量。

电视机的耗电量为参考功率与平均工作时间的乘积。我们虽在调查结果中获得了电视机的能效标识，但无法获得相应的能效指数信息，因此未能考虑设备的能源消耗效率对其耗电量的影响。计算电视机每年的能源消耗时，设备在一年中使用的天数为住户每年在该住房（接受调查时的住房）居住天数。计算公式如下：

$$\text{Energy}_{电视机}（千克标准煤/年）= 设备功率_{电视机}（千瓦）$$
$$\times 使用时间_{电视机}（小时/年）\qquad (2\text{-}9)$$
$$\times 电力折标系数（千克标准煤/千瓦时）$$

2.3.4 计算机

计算机的类型包括台式电子计算机、笔记本电子计算机和平板电子计算机。在估计计算机的耗电量时，由于问卷包括了计算机功率的信息，我们可以通过计算机的功率大小与使用时间来计算计算机的耗能量。计算机的耗电量为参考功率与平均工作时间的乘积。我们虽在调查结果中获得了计算机的能效标识，但无法获得相应的能效指数信息，因此未能考虑设备的能源消耗效率对其耗电量的影响。住户每年在该住房（接受调查时的住房）居住的天数为计算机在一年中所使用的天数。计算机年耗电量的计算公式如下：

$$Energy_{计算机}（千克标准煤/年）= 设备功率_{计算机}（千瓦）$$
$$×使用时间_{计算机}（小时/年） \quad (2-10)$$
$$×电力折标系数（千克标准煤/千瓦时）$$

2.3.5 照明设备

照明设备的类型包括日光灯、白炽灯和节能灯。在估计家庭照明灯泡的耗电量时，由于问卷包括了照明灯泡功率的信息，我们可以通过计算机的功率大小与使用时间来计算照明灯泡的耗能量。

$$Energy_{照明设备}（千克标准煤/年）= 设备功率_{照明设备}（千瓦）$$
$$×使用时间_{照明设备}（小时/年） \quad (2-11)$$
$$×电力折标系数（千克标准煤/千瓦时）$$

2.4 取暖、制冷和热水器用能估算

家庭制冷设备包括电风扇和空调，燃料为电力。家庭制冷能耗的计算考虑设备的功率、能效及其在夏季的平均每天使用时间和使用天数。

取暖燃料种类较多，如电力、管道天然气/煤气、瓶装液化气、柴油、其他燃料油、薪柴/木炭/煤、地热等。计算取暖能耗除考虑设备的每天使用频率、每次平均使用时间、每年使用天数以及设备的单位小时能耗（如电器设备的输出功率）等因素外，还需要考虑供热有效面积等因素。

2.4.1 供暖

由于各个家庭采暖所使用的设备和燃料以及采暖时长不同，我们按供暖设备及其燃料分类，估计全年的供暖能耗。各类燃料的消费量将转化为以千克标准煤计量的能耗。

2.4.1.1 电力供暖设备

以电力为燃料的供暖设备，如空调、电辐射取暖（电暖器）、油热加热器（油热汀）、电热地膜采暖等，可通过电器功率的报告值、空调能效等级、每天平均采暖时长（小时）和全年采暖天数（天）计算全年用于供暖的能耗。

（1）空调取暖

根据《房间空气调节器能效限定值及能效等级》（GB12021.3—2010），空调

实际输出功率等于其输出功率乘以定变频调整系数，再除以能效比（energy efficiency ratio，EER）。其中，空调的输出功率按照额定功率来进行计算；区分定频和变频空调，其定变频系数分别为 1 和 0.7，信息缺失时默认为定频空调。

（2）其他取暖设备

电辐射取暖（电暖器）、油热加热器（油热汀）、电热地膜采暖的功率问卷中已经包括，用功率乘以每天采暖时长（小时）和全年采暖天数（天），即可计算全年的用电量。

2.4.1.2 非电力供暖设备

对于使用非电力燃料（如天然气、柴薪、木炭、煤等）的供暖设备，如锅炉管道供暖、采暖火炉（燃烧木材/煤炭等）等则需通过燃料单位面积热负荷、住房实际使用面积、每天平均采暖市场（小时）和全年采暖天数（天），进而计算得全年的非电力燃料的消耗量。

（1）以薪柴为燃料的供暖设备消耗

以薪柴作为燃料的采暖设备有锅炉和采暖火炉。当采用锅炉取暖时，假定薪柴每天的单位面积热负荷为 0.1 千克，该系数乘以住房实际使用面积可得家庭每天使用薪柴锅炉取暖的能耗，进而可以得到每小时的薪柴消耗量。当使用炕或采暖火炉时，假定每小时需要燃烧 2 千克木柴取暖，该系数乘以每天采暖时长和全年采暖天数，可得全年的薪柴火炉取暖的能耗。

（2）以除电力/柴薪外为燃料的供暖设备消耗

如果采用除电力、柴薪以外的其他燃料作为非电力供暖设备的取暖燃料，假定每种燃料的每天单位面积热负荷系数，该系数乘以住房实际使用面积可得家庭每天使用天然气取暖的能耗，进而可以得到全年的天然气消耗量。各燃料的每天单位面积热负荷系数设定详见表 2-2。

表 2-2　各取暖燃料的每天单位面积热负荷系数

取暖燃料种类	每天单位面积热负荷系数
管道天然气/煤气	0.0632 米^3/（米^2·天）
瓶装液化气	0.048 米^3/（米^2·天）
柴油	0.0576 升/（米^2·天）
其他燃料油	0.0576 升/（米^2·天）
木炭	0.1 千克/（米^2·天）
煤	0.1 千克/（米^2·天）

2.4.1.3 一般的估算公式

$$Energy_{空调}（千克标准煤/年）=设备功率_{空调}（千瓦）$$
$$\times 类型调整系数_{空调}$$
$$\times 采暖时长_{空调}（小时/天） \qquad (2\text{-}12)$$
$$\times 采暖天数_{空调}（天/年）$$
$$\times 电力折标系数（千克标准煤/千瓦时）$$

$$Energy_{其他电力设备}（千克标准煤/年）=设备功率_{其他电力设备}（千瓦）$$
$$\times 采暖时长_{其他电力设备}（小时/天） \qquad (2\text{-}13)$$
$$\times 采暖天数_{其他电力设备}（天/年）$$
$$\times 电力折标系数（千克标准煤/千瓦时）$$

$$Energy_{非电力供暖设备}（千克标准煤/年）=单位面积负荷_{非电力供暖设备}（千克标准煤/天）$$
$$\times 住房使用面积_{非电力供暖设备}（米^2） \qquad (2\text{-}14)$$
$$\times 采暖天数_{非电力供暖设备}（天/年）$$

2.4.2 热水器

热水器的类型包括储水式热水器和即热式热水器。储水式热水器的燃料主要为电力、太阳能、太阳能电加热。即热式热水器的燃料包括电力、管道天然气/煤气、瓶装液化气、太阳能、太阳能电加热。对于以电力作为能源的储水式热水器，在估计热水器的能源消耗时，由于没有获得热水器单位小时能耗（如电器设备的输出功率），我们根据热水器的容量估计功率。对于即热式热水器，由于没有获得热水器单位小时能耗（如电器设备的输出功率）和热水器容量的信息，我们将根据估计值进行计算，假设加热系数平均值为 1.6，热水器容量为 75.3升，功率为 1.5 千瓦[1]。热水器的参考单位小时能耗由（表2-3）给出。总的来说，热水器的能耗是其单位小时能耗和工作时间的乘积。由于储水式热水器和即热式热水器的工作时间有很大的差异，我们分别计算储水式热水器和即热式热水器的能耗。

表 2-3　热水器的参考单位小时能耗

热水器燃料种类	单位小时能耗
电力	5 千瓦
管道天然气/煤气	2 米³

---

[1] 郑新业. 2016. 中国家庭能源消费研究报告 2016. 北京：科学出版社.

热水器燃料种类	单位小时能耗
瓶装液化气	1.8 千克
太阳能	0.4514 千克标准煤/90 升

2.4.2.1 储水式热水器

储水式热水器的工作时间按以下方法进行计算：若热水器全天一直处于工作状态，则实际工作时间为 3 小时；若热水器仅在使用热水时加热，则实际工作时间为 0.5 小时。储水式热水器工作一次所提供的热水能够满足一般家庭平均一天的热水使用量，一般家庭平均每天使用热水器 1.025 次，我们用各个家庭每天平均使用热水器的次数进行调整。若家庭每天平均使用热水器的次数超过 1.025 次，则热水器重新为水加热，即热水器每天的工作频率为热水器每天平均使用次数/1.025 次。储水式热水器的能效指数由《储水式电热水器能效限定值及能效等级》（GB21519—2008）提供，我们取能效指数的上限值，如表 2-4 所示。

表 2-4 储水式热水器的能效指数

能效等级	能效系数
1	0.6
2	0.7
3	0.8
4	0.9
5	1.0
无能效标识	1.0

储水式热水器的耗电量为能效指数、功率、工作时间、电力折标系数和每天工作频率的乘积。对于以太阳能/太阳能电加热为燃料的储水式热水器，依据热水器的容量来估计能耗，加热 90 升的水需要消耗太阳能 0.4514 千克标准煤。

电力能耗$_{储水式热水器}$（千克标准煤/天）= 功率$_{储水式热水器}$（千瓦）

$\times$ 工作时间$_{储水式热水器}$（小时/次）

$\times$ 工作频率$_{储水式热水器}$（次/天）　　（2-15）

$\times$ 能效指数$_{储水式热水器}$

$\times$ 电力折标系数（千克标准煤/千瓦时）

太阳能/太阳能电加热能耗$_{储水式热水器}$（千克标准煤/年）

$$=单位能耗_{储水式热水器}（千克标准煤/90升）×加热热水量（90升/天）$$

$$\text{(2-16)}$$

计算储水式热水器每年的能源消耗时，需要考虑其在一年中所使用的天数：

$$\text{Energy}_{储水式热水器}（千克标准煤/年）=能耗_{储水式热水器}（千克标准煤/天）$$
$$×使用天数（天/年）\qquad\text{(2-17)}$$

2.4.2.2 即热式热水器

即热式热水器的工作时间按以下方法进行计算。对于以电力、管道天然气/煤气和瓶装液化气为燃料的即热式热水器而言，热水器每次的工作时间为每次平均使用热水器的时长，且没有能源使用效率的信息。因此，这类即热式热水器的能耗为单位小时能耗、工作时间和每天工作频率的乘积。具体的计算公式如下：

$$电力能耗_{即热式热水器}（千克标准煤/天）=功率_{即热式热水器}（千瓦）$$
$$×工作时间_{储水式热水器}（小时/次）$$
$$×工作频率_{储水式热水器}（次/天）\qquad\text{(2-18)}$$
$$×能效指数_{储水式热水器}$$
$$×电力折标系数（千克标准煤/千瓦时）$$

$$燃气能耗_{即热式热水器}（千克标准煤/天）=单位小时耗气量_{即热式热水器}（米^3/小时）$$
$$×工作时间_{储水式热水器}（小时/次）\qquad\text{(2-19)}$$
$$×燃气折标系数（千克标准煤/米^3）$$

$$液化气能耗_{即热式热水器}（千克标准煤/天）=单位小时耗气量_{即热式热水器}（千克/小时）$$
$$×工作时间_{即热式热水器}（小时/次）\qquad\text{(2-20)}$$
$$×燃气折标系数（千克标准煤/千克）$$

$$太阳能/太阳能电加热能耗_{即热式热水器}（千克标准煤/年）$$
$$=单位能耗_{即热式热水器}（千克标准煤/天）×使用天数_{即热式热水器}（天/年）$$

$$\text{(2-21)}$$

$$\text{Energy}_{即热式热水器}（千克标准煤/年）=能耗_{即热式热水器}（千克标准煤/天）$$
$$×使用天数（天/年）\qquad\text{(2-22)}$$

2.4.3 制冷

2.4.3.1 空调

根据《房间空气调节器能效限定值及能效等级》（GB12021.3—2010），空调实际输出功率等于其输出功率乘以定变频调整系数，再除以能效比。其中，空调的输出功率按照额定功率来进行计算；区分定频和变频空调，其定变频系数分别为 1 和 0.7，信息缺失时默认为定频空调；空调能效比反映空调的能效等级。对于功率小于 4.5 千瓦的空调，一级能效、二级能效、三级及以上能效空调的能效比分别取值为 3.6、3.4 和 3.2，信息缺失时默认为 3.2；对于功率为 4.5 ~ 7.5 千瓦的设备，一级能效、二级能效、三级及以上能效空调的能效比分别取值为 3.5、3.3 和 3.1，信息缺失时默认为 3.1。根据每天制冷时长（小时）和夏天制冷天数（天），空调制冷耗电量的计算公式如下：

$$
\begin{aligned}
\text{Energy}_{空调制冷}（千克标准煤/年）= {} & 设备功率_{空调制冷}（千瓦） \\
& \times 类型和能效调整系数_{空调制冷} \\
& \times 工作时间_{空调制冷}（小时/天） \qquad (2\text{-}23) \\
& \times 夏季使用天数_{空调制冷}（天/年） \\
& \times 电力折标系数（千克标准煤/千瓦时）
\end{aligned}
$$

2.4.3.2　风扇

在估计电风扇的耗电量时，由于问卷包括了电风扇功率信息，我们可以通过电风扇的功率大小与使用时间来计算其耗能量。计算公式如下：

$$
\begin{aligned}
\text{Energy}_{电风扇}（千克标准煤/年）= {} & 设备功率_{电风扇}（千瓦） \\
& \times 工作时间_{电风扇}（小时/天） \\
& \times 夏季使用天数_{电风扇}（天/年） \\
& \times 电力折标系数（千克标准煤/千瓦时）
\end{aligned}
$$

$$(2\text{-}24)$$

2.5　特色产业家庭的生产设备用能估算

对于从事炒茶、海产养殖、作物种植、家庭手工业、物流仓储等行业的农村家庭，可计算出生产设备用能。根据问卷统计，生产设备包括采茶机、纺织机、风机、抽水泵、插秧机、插秧机、洒水设备、曝气机等。设备所用能源包括煤炭、汽油、柴油、电力、薪柴、地热能等。

问卷调查了设备的使用时间和每小时耗能量。对于"每小时耗能量"的异常值，我们用查找的同类设备耗能情况进行替代，计算公式如下：

$$
\begin{aligned}
\text{Energy}_{生产设备;用电设备}（千克标准煤/年）= {} & 设备功率_{生产设备;用电设备}（千瓦） \\
& \times 工作时间_{生产设备;用电设备}（小时/天） \\
& \times 每年使用天数_{生产设备;用电设备}（天/年） \\
& \times 电力折标系数（千克标准煤/千瓦时）
\end{aligned}
$$

$$(2\text{-}25)$$

$$\text{Energy}_{\text{生产设备;其他设备}}（千克标准煤/年）= 每小时能耗量_{\text{生产设备;其他设备}}（千克标准煤/小时）$$
$$\times 工作时间_{\text{生产设备;其他设备}}（小时/天）\quad (2\text{-}26)$$
$$\times 每年使用天数_{\text{生产设备;其他设备}}（天/年）$$

2.6 本章小结

本章基于实地入户调研，得到样本家庭能源消费量的微观数据，并通过构建家庭能源消费的估计方法，将浙江省家庭用能情况数字化。本章节核算了浙江居民厨房设备，家用电器，取暖、制冷和热水器以及生产设备的能源消费情况，涉及的能源包括即电力、管道天然气/煤气、瓶装液化气、柴油、其他燃料油、薪柴、木炭、煤、地热、太阳能和太阳能电加热等十一类，并分别核算了自用常用、自用非常用、提供餐饮服务、提供民宿服务和自用与提供服务等不同用途的能源消费情况。

本章在方法构建上的贡献可归纳为以下两点：

第一，提供了家庭能源消费估计的新思路。在问卷调查过程中，我们无法直接从住户处得到具体的能源消费量。如果直接询问住户，往往只能了解电费总额和用电总量的情况，无法准确获得各类设备的用能情况。我们将问卷语言转化为数字语言，通过核算，将千瓦等表象化的数据转换为最终需要的能源数据。

第二，构建了能源消费估计的合理方法。在估算时综合考虑了能源种类、设备类型、设备使用时间、使用频率、住房面积等各类影响能源消费量的因素，并根据专业技术文件对用能情况进行调整。例如，变频的冰箱耗电量明显低于定频的冰箱，我们通过查阅《房间空气调节器能效限定值及能效等级》等技术文件，对能源消耗量进行调整，将这种差别真实的反映在计算结果中，使其更为合理化。

基于入户调查数据的研究更为细致，能够从最微观层面揭示出能源的使用分布并识别出相关影响因素，本章的研究方法为之后关于能源消费总量、结构、影响因素分析和消费情况预测提供了理论支撑。

第3章　家庭能源消费分析

本章将利用能源平衡表与能流图来描绘浙江省家庭能源消费情况，从能源数量等角度对浙江省家庭能源消费进行分析。本章旨在勾勒居民能源消费模式，帮助了解居民生活用能的基本特征，识别生活节能的潜力、障碍和影响因素。此次问卷调查中所涉及的家庭能源消费种类包括煤炭、瓶装液化气、管道天然气、管道煤气、电力、薪柴、沼气、太阳能等。家庭能源消费活动包括烹饪、家电使用、家庭供暖、热水和制冷。所有能源品折标系数均来自于国家能源局和《中国能源统计年鉴》。

3.1　平衡表与能流图

能源平衡表是以矩阵形式，将各种能源的资源供应、加工转换和终端消费等各种数据汇总的一种表格，绘制能源平衡表能直观地描述报告期内各类能源的需求以及能源用途情况。而能流图在能源平衡表的基础上，以更直观形象的表现形式概括出一个地区能源"从哪儿来，到哪儿去"的系统全貌，是能源平衡表的一个有力补充形式。根据研究团队的调查结果，由于缺少加工转换与资源供应数据，本节根据表3-1的折标系数建立分能源品种和能源用途的二维矩阵，表3-2和表3-3计算浙江省2017年城市与农村家庭能源平衡表，并绘制城市家庭能源流量图和乡村家庭能源流量图（图3-1，图3-2）。

表 3-1　各能源品折标系数

能源品种	折标系数	单位
蜂窝煤/煤球	0.357 15	千克标准煤/千克
木炭	0.358 4	千克标准煤/千克
薪柴	0.571	千克标准煤/千克
秸秆	0.5	千克标准煤/千克
沼气	0.714	千克标准煤/米³
电力	0.122 9	千克标准煤/千瓦时
管道天然气	1.33	千克标准煤/米³

能源品种	折标系数	单位
管道煤气	0.357 1	千克标准煤/米³
瓶装液化气	1.714 3	千克标准煤/千克
木炭	0.358 4	千克标准煤/千克
柴油	1.457 1	千克标准煤/千克

注：居民蜂窝煤热值较工业用煤低，故折标系数以原煤的 0.5 计算，即 0.7143 千克标准煤/千瓦时×
0.5＝0.3571千克标准煤/千瓦时

资料来源：国家能源局；《中国能源统计年鉴》

　　根据能源品折标系数，并按城市、农村户数分别进行加权，估算出 2017 年
浙江省城镇家庭平均消耗能源为 439.98 千克标准煤（表 3-2），乡村家庭平均消
耗能源为 541.57 千克标准煤（表 3-3）。从总体上看，城镇家庭能源品消费的主
力是电力和燃气（包括瓶装液化气、管道天然气、管道煤气），其中，电力户均
消费 281.27 千克标准煤，约占总使用量的 63.9%；燃气为 136.04 千克标准煤，
约占总使用量的 30.9%。乡村家庭能源品消费的主力是电力、燃气和生物质能，
其中电力户均消费 313.32 千克标准煤，约占总使用量的 57.9%；燃气为 144.98
千克标准煤，约占总使用量的 26.8%；生物质能户均消费 80.35 千克标准煤，约
占总使用量的 14.8%。

　　从能源消费的用途上来看，烹饪和家用电器用能占据了绝大部分的能耗。城
镇家庭中，烹饪用能为 152.56 千克标准煤，约占总使用量的 34.7%；家用电器
能源消费为 110.04 千克标准煤，约占总使用量的 25.0%；此外，热水器用能为
101.1 千克标准煤，占总使用量的 23.0%。乡村家庭中，烹饪用能为 202.31 千
克标准煤，约占总使用量的 37.4%；家用电器能源消费为 178.06 千克标准煤，
占总使用量的 32.9%。

　　依照整理后的能源平衡表，我们绘制出计算的浙江省家庭能源消费能流图，
为了让图形更加直观、清晰，我们用生物质能表示沼气、薪柴/秸秆和木炭，用
管道气表示管道天然气和管道煤气。另外，因为燃料油在家庭能源消费中的比例
较低，因此不在图中反应。

　　由图 3-1 可以看出，2017 年浙江省城镇家庭用能的能源品构成中，63.9% 来
自电力，18.5% 来自管道气，12.5% 来自瓶装液化气，0.4% 来自煤炭，2.8% 来
自生物质能，2.0% 来自太阳能。而在能源的使用方面，34.7% 用于烹饪，主要
源自于管道气、瓶装液化气、电力；11.7% 用于家庭供暖，主要源自于电力、煤
炭、管道气；23.0% 用于热水器，主要源自于电力、管道气；其余电力部分则主
要用于制冷设备和家用电器。

表 3-2 2017 年浙江省城市家庭能源消费平衡表

单位：千克标准煤

能源消费类型（城市）		煤	柴油	其他燃料油	瓶装液化气	管道天然气	管道煤气	沼气	薪柴	电力	太阳能	木炭	地热	合计
烹饪	柴火灶／土灶								9.75					9.75
	蜂窝煤炉	0.04												0.04
	油炉													
	电磁炉									7.15				7.15
	煤气灶				55.01	47.36	2.07							104.44
	沼气灶							2.71						2.71
	电饭煲									21.79				21.79
	微波炉									3.12				3.12
	烤箱									0.38				0.38
	太阳能灶													
家用电器	抽油烟机									3.01				3.01
	排气扇									0.17				0.17
	冰箱									15.17				15.17
	冰柜									2.38				2.38
	洗衣机									6.66				6.66
	电视机									34.42				34.42
	计算机									19.52				19.52
	灯泡									31.89				31.89

能源消费 类型（城市）		煤	柴油	其他 燃料油	瓶装 液化气	管道 天然气	管道 煤气	沼气	薪柴	电力	太阳能	木炭	地热	合计
家庭 供暖	家用空调采暖									46.78				46.78
	锅炉管道供暖													
	采暖火炉（燃烧木材/ 煤炭等）	1.59				2.3								3.89
	电辐射取暖（电暖器）									0.69				0.69
	油热加热器（油热汀）									0.26				0.26
	电热地膜采暖													
热水	热水器					29.3				63.22	8.58			101.1
制冷	电风扇									3.07				3.07
	空调									21.59				21.59
合计		1.63			55.01	78.96	2.07	2.71	9.75	281.27	8.58			439.98

以浙江省为例：乡村振兴背景下的家庭能源消费研究

表 3-3　2017 年浙江省乡村家庭能源消费平衡表

单位：千克标准煤

能源消费类型（乡村）		煤	柴油	其他燃料油	瓶装液化气	管道天然气	管道煤气	沼气	薪柴	电力	太阳能	木炭	地热	合计
烹饪	柴火灶/土灶								59.21					59.21
	蜂窝煤炉	0.44												0.44
	油炉		0.0007											0.0007
	电磁炉									1.23				1.23
	煤气灶				61.6	53.03	2.31							116.94
	沼气灶							0.14						0.14
	电饭煲									20.21				20.21
	微波炉									1.11				1.11
	烤箱									0.19				0.19
	太阳能灶													
	抽油烟机									2.63				2.63
	排气扇									0.2107				0.2107
家用电器	冰箱									17.04				17.04
	冰柜									2.07				2.07
	洗衣机									8.37				8.37
	电视机									64.8				64.8
	计算机									8.85				8.85
	灯泡									76.93				76.93

能源消费类型（乡村）		煤	柴油	其他燃料油	瓶装液化气	管道天然气	管道煤气	沼气	薪柴	电力	太阳能	木炭	地热	合计
家庭供暖	家用空调采暖									38.76				38.76
	锅炉管道供暖					2.11				0.35		0.33		2.79
	采暖火炉（燃烧木材/煤炭等）					2.4			2.13			18.54		23.07
	电辐射取暖（电暖器）									1.57				1.57
	油热加热器（油热汀）													
	电热地膜采暖													
热水	热水器					23.53				49.59	2.48			75.6
制冷	电风扇									3.84				
	空调									15.56				
	合计	0.44	0.0007	0	61.6	81.07	2.31	0.14	61.34	313.32	2.48	18.87		541.57

乡村振兴背景下的家庭能源消费研究：以浙江省为例

图 3-1　浙江省城市家庭2017年能源流量图

图 3-2 浙江省乡村家庭 2017 年能源流量图

第 3 章 家庭能源消费分析

由图 3-2 可以看出，2017 年浙江省乡村家庭用能的能源品构成中，57.8% 来自电力，15.4% 来自管道气，11.4% 来自瓶装液化气，14.8% 来自生物质能，0.5% 来自太阳能，0.1% 来自煤炭。而在能源的使用方面，37.4% 用于烹饪，主要源自于管道气、瓶装液化气、生物质能和电力；12.2% 用于家庭供暖，主要源自于电力、生物质能和管道气；14.0% 用于热水器，主要源自于电力、管道气；其余电力部分则主要用于制冷设备和家用电器。

结合平衡表与能流图可以发现，浙江乡村的能耗量高于城市。究其原因，乡村在生物质能（薪柴）、电视机和照明（灯泡）三个方面的户均用能分别比城市高 49.46 千克标准煤、30.38 千克标准煤和 45.04 千克标准煤。在生物质能方面，由于乡村燃料的可获得性及燃料转化效率，乡村需要用更多的能耗来满足烹饪的需要；在电视机和照明方面，可能的原因有三：一，乡村住房空间和建筑面积均明显大于城市，需要更多的灯泡用于照明；二，乡村居民的在家时长更长，娱乐活动较少，电视机和灯泡使用时间更长；三，乡村居民的节能意识较弱，电视机和灯泡的功率都高于城市，且节能灯的使用比例更低。对于这些原因的具体阐述和验证将在第四章详细说明。

另外，根据《中国家庭能源消费研究报告（2016）》数据，由于集中供暖的差异，中国北方家庭能源消费量是南方的 1.82 倍，因此本章对于浙江能源消费的核算具有可靠性。全国平均家庭能源消费中，电力消费占比为 22%，煤炭消费占比为 8%，管道气消费占比为 12%，生物质能消费占比为 26%，瓶装液化气消费占比为 10%，太阳能消费占比为 2%，集中供暖消费占比为 20%。对比来看，浙江省家庭能源消费中电力消费占比达到 60%，明显优于全国；管道气的消费占比超过 15%，也优于全国家庭平均情况。可见，浙江省的电气化普及程度较高，电力成为家庭能源消费中的主要形式，煤炭和生物质能的消费占比低于全国家庭平均情况。浙江省在替代燃烧效率不高、污染程度高的能源品种所进行的工作开展顺利且有显著成效。

3.2 有效能分析

一般而言，有效能是针对热能而言的，无论是哪种能源种类或是哪种器具在做功时，都只能部分转化为有用功，即对部分热能加以利用。国内关于家庭能源消费有效能的研究还较为稀缺，主要是针对江苏地区和西部地区的研究。王效华和吴争鸣（1999）最早提出由于不同能源品种的等量消费并不能满足等量有效能需求，并且随着商品能比例的不断提高，人均有效能可以更为准确和可靠地预测家庭生活用能需求。之后，王效华和狄崇兰（2002）根据江苏省的情况计算得到

1997 年江苏农村家庭炊事人均有效能为 60.1 千克标准煤。王效华和胡晓燕（2010）又提出人均有效热、人均电力及商品能的比例可以作为农村家庭能源消费的特征指标，并认为人均有效热指的是人均使用各种能源所获的炊事有效能总和。通过对江苏三个农村地区进行分析，王效华（2012）计算出苏南、苏中、苏北农村地区家庭有效热中商品能所占的比例，并发现苏南地区有效热中商品能的比例较苏北地区高 18%。王效华等（2014）进一步提出，有效热反映家庭炊事、热水、饲养等有效热方面实际消费水平，为了不因气候等因素影响此指标的可比性，它不包括冬季取暖及空调有效热的需求。人均家庭能源消费平均为 26.7 吉焦耳，而有效热为 2.86 吉焦耳，热效率十分低下。对于西部地区的研究，Niu 等（2012）也提到不同燃料在使用时产生的热效率不同，相较于实物量，有效热量更能准确反映居民生活用能状况。牛云翥等（2013）通过调查问卷数据计算得到黄土高原西部地区农村户均能源消费量为 1978.2 千克标准煤，而户均有效热能仅为 430 千克标准煤，热效率为 21.7%；而兰州市的户均能源消费 1598.7 千克标准煤，户均有效热能高达 1054 千克标准煤，热效率高达 65.9%，城市和农村的热效率差异十分明显。孙永龙等（2015）计算得到甘南高原农牧民的人均能源消费为 996.05 千克标准煤，但综合热效率只有 18.77%，能源品种质量低下。

　　本节将重点针对各类燃料的热效率计算浙江省家庭的有效热能，以分析在我们使用能源的过程中具体有多少能量转为有效能供居民使用。根据表 3-4 可知，生物质能和煤炭直接使用的燃料热效率最低，而热电联产的供热机组和区域锅炉房的大型供热锅炉（热力）的转化效率最高。

表 3-4　各类燃料的热效率　　　　　　　　　　单位:%

燃料种类	燃烧效率
热力	85
煤炭（直接）	28
煤炭（锅炉）	65
生物质能	20
沼气	50
电力	80
天然气	75
汽油	30

燃料种类	燃烧效率
液化气	60
太阳能	40

资料来源：王效华和吴争鸣，1999；牛云翥等，2013

根据图 3-3 所示，经过有效能的换算，2017 年浙江省城市家庭加权后的有效能为 321.42 千克标准煤，为实际能耗的 73.1%。因为电力和管道气的使用比例高且转化效率高，因此有效能与实际能耗距离较小。电力原使用量为 281.27 千克标准煤，实际有效能为 220.61 千克标准煤，在能耗中占比从 63.9% 增加到 68.6%；管道气（管道天然气和管道煤气）原使用量 81.03 千克标准煤，实际有效能 60.62 千克标准煤，在能耗中占比略有提升；瓶装液化气原使用量 55.01 千克标准煤，实际有效能 33.01 千克标准煤，在能耗中占比从 12.5% 降至 10.3%。煤炭、生物质能等原始能耗比重不大，但是由于能源转换效率较低，煤炭的能源占比从 0.4% 降至 0.1%，生物质能从 2.8% 降至 1.0%。

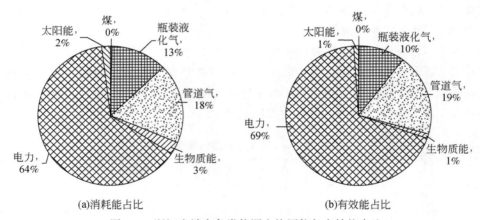

(a)消耗能占比　　　　　　　　(b)有效能占比

图 3-3　浙江省城市各类能源户均用能与有效能占比

根据图 3-4 所示，2017 年浙江省乡村家庭加权后的有效能为 362.88 千克标准煤，为实际能耗的 67.0% 左右。因为农村的生物质能使用比重较高，因此有效能所占比例较城市的比重低。电力原使用量 313.32 千克标准煤，实际有效能为 248.87 千克标准煤，在能耗中占比从 57.8% 增加到 68.6%；管道气原使用量 83.38 千克标准煤，实际有效能为 17.62 千克标准煤，在能耗中占比从 15.4% 增加到 16.1%，比重变化不大；瓶装液化气原使用量 61.60 千克标准煤，实际有效能 36.96 千克标准煤，在能耗中占比从 11.4% 降至 10.2%；生物质能使用量

80.35 千克标准煤，实际有效能 17.62 千克标准煤，在能耗中占比从 14.8% 降至 4.9%；煤炭的能源占比从 0.1% 降至 0.03%。

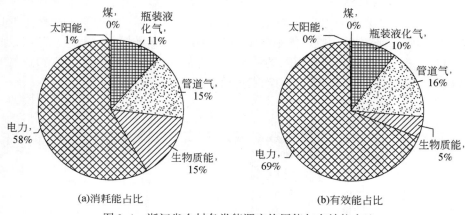

(a)消耗能占比　　　　　　　(b)有效能占比

图 3-4　浙江省乡村各类能源户均用能与有效能占比

可以看出，浙江省 2017 年，城市家庭烹饪和家用电器仍然是主要的用能方式，占总能耗的 59.0%，热水器也是主要的用能方式，占总能耗的 22.3%。家用电器和制冷设备的用电效率（用能效率=有效能/消耗能）最高，用能效率高达 80%，其次是热水器，用能效率约为 70%，烹饪和家庭供暖的用能效率也接近 70%。乡村家庭烹饪和家用电器也是主要的用能方式，占总能耗的 69.1%。家用电器和制冷设备的用电效率最高，用能效率高达 80%，其次是热水器，用能效率比城市高，约为 73.2%；由于生物质能能源效率较低，导致使用生物质能的烹饪和家庭供暖的用能效率较低，家庭供暖为 62.6%，烹饪为 53.5%。

3.3　消费结构分析

3.3.1　能源品种：电力和管道气消费量较高

从城市和农村家庭来看，城市家庭户均能源总消费量为 439.98 千克标准煤/年，农村家庭户均能源总消费量为 541.57 千克标准煤/年，城市家庭户均能源消费量为农村家庭的 85.50%。

根据图 3-5 和图 3-6，分种类来看，城市和农村的电力消费量都是最高的，分别为 281.27 千克标准煤和 313.32 千克标准煤，占能源总量的比例分别为 63.9% 和 57.9%。其次，城市和农村的管道气均为第二大消费能源，分别为 81.03 千克标准煤和 83.38 千克标准煤，占能源总量的比例分别为 18.5% 和

15.4%。另外，瓶装液化气的消费量基本一致，城市和农村的瓶装液化气消费量分别为55.01千克标准煤和61.60千克标准煤，占能源总量的比例分别为12.5%和11.4%。由于农村薪柴、沼气的获得性较为容易，城市和农村的生物质能消费量相差较大，农村的生物质能消费量为80.35千克标准煤，占能源总消费量的比例为14.8%；而城市的生物质能消费量为12.46千克标准煤，占能源总消费量的比例为2.8%。城市和农村在煤炭的消费量上差距不大。太阳能在城市和乡村的消费量均不高，但城市对太阳能的消费量比乡村高。

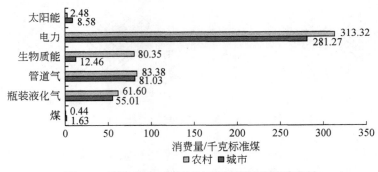

图 3-5 浙江省 2017 年城乡家庭能源品种消费量

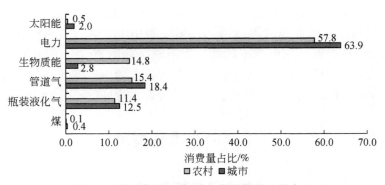

图 3-6 浙江省 2017 年城乡家庭能源品种占比

3.3.2 能源用途：用于烹饪和家用电器的能耗较高

从能源需求结构方面，2017 年浙江省城乡各类设备的能耗差异如图 3-7 和图 3-8 所示，城市的烹饪用能为 152.56 千克标准煤，占总能耗的 34.7%；农村的烹饪用能为 202.31 千克标准煤，占总能耗的 37.4%，略高于城市。家用电器方面，城市的用能为 110.04 千克标准煤，占总能耗的 25.0%；而乡村的用能为178.06，占总能耗的 32.9%，远高于城市。乡村在烹饪和家用电器方面高于城市

乡村振兴背景下的家庭能源消费研究·以浙江省为例

的原因有二：一是乡村的烹饪中较多使用生物质能等转换效率较低的燃料，同时节能意识较差；二是乡村在电视机和照明上的能耗显著高于城市，这体现了其住房面积大、娱乐活动的局限性、在家时间更长和节能意识较弱等特点。城市的家庭供暖用能为51.62千克标准煤，占总能耗的11.7%；而乡村的家庭供暖用能为66.19千克标准煤，占总能耗的12.2%。热水器方面，城市用能为101.1千克标准煤，占总能耗的23.0%；乡村用能为75.6千克标准煤，占总能耗的14.0%。制冷设备，城市高于乡村，城市用能为24.66千克标准煤，占总能耗的5.6%，农村用能为19.41千克标准煤，占总能耗的3.6%。由于烹饪和供暖的能耗种类较多，接下来将进一步对两种能源用途进行介绍。

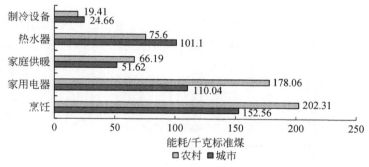

图3-7 浙江省2017年城乡家庭能源用途

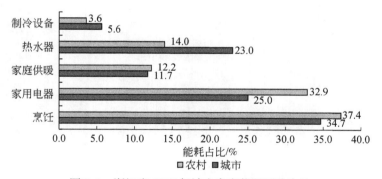

图3-8 浙江省2017年城乡家庭能源用途占比

在烹饪方面，如图3-9所示，农村比城市的能耗高。分能源来看，农村的生物质能消耗量远远高于城市，也是农村烹饪的第二大能源品种，消耗59.35千克标准煤。城市与农村的烹饪能源品种都以瓶装液化气为首位，分别为55.01千克标准煤和61.60千克标准煤。管道气与煤炭的城乡差距并不太大。而电力方面，城市的消耗为35.62千克标准煤，农村的消耗为25.58千克标准煤。

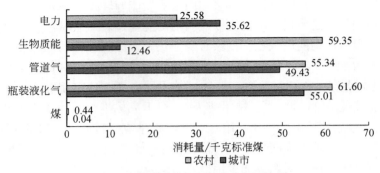

图 3-9　浙江省 2017 年城乡烹饪能耗

在家庭供暖方面，如图 3-10 所示，分能源来看，农村不使用煤炭，而城市不使用生物质能。城市的电力和管道气的消费也均比乡村高。这种能源结构的差别与乡村生物质能的较易获得性有关。另外，热水器方面，城乡用能均以管道气和电力为主，总量相差不大。

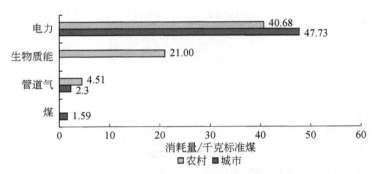

图 3-10　浙江省 2017 年城乡家庭供暖能耗

3.4　碳足迹分析

3.4.1　家庭碳排放核算标准

按照如下系数计算各种类能源碳排放量，其中，含碳量和碳氧化率数据来自《综合能耗计算通则》（GB/T2589—2008）。平均低位发热量和排放系数数据来自《省级温室气体清单编制指南》（发改办气候〔2011〕1041 号）。特别地，考虑到家庭煤炭燃烧不充分，因此仅取标准系数的 50%。二氧化碳排放缺省值方面，蜂窝煤/煤球、汽油、柴油/煤油、瓶装液化气、管道天然气、管道煤气、燃料油、木炭的碳排放数据引自《IPCC 国家温室气体排放清单 2006》公布的住宅和农业/林业/捕捞业/养鱼场类别中固定源燃烧的缺省排放因子。对于生物质能，由于其具有"碳中和"的性质，因此取其碳排放系数为 0。对于热力，根据《公共建筑运营企业温室气体排放核算方法和报告指南》，取值为 110 000 千克/太焦。对于电力，根据《2015 年中国区域电网基准线排放因子》，全国电网加权后的碳排放因子为 0.9537 千克二氧化碳/千瓦时，华东区域电网碳排放因子 0.8112 千克二氧化碳/千瓦时。但为了计算的精准，本书采用 2017 年浙江省的数据进行计算，得到浙江省电网排放因子为 0.5183 千克二氧化碳/千瓦时，计算方法如下：

$$\mathrm{EF}_{\mathrm{grid,OMsimple},y} = \frac{\mathrm{FC}_{i,y} \times \mathrm{NCV}_{i,y} \times \mathrm{EF}_{\text{二氧化碳},i,y}}{\mathrm{EG}_y}$$

式中，$\mathrm{FC}_{i,y}$ 为第 y 年项目所在电力系统燃料 i 的消耗量；$\mathrm{NCV}_{i,y}$ 为第 y 年燃料 i 的净热值；$\mathrm{EF}_{\text{二氧化碳},i,y}$ 为第 y 年燃料 i 的二氧化碳排放因子；EG_y 为电力系统第 y 年向电网提供的电量。可以看到，浙江省的电力结构是领先于全国水平的。

其他具体系数见表 3-5。

表 3-5　能源品碳排放系数

能源类型	含碳量/(吨碳/太焦)	碳氧化率	排放因子 95% 置信区间下限	平均低位发热量/(千焦/千克)	排放系数
无烟煤	26.37	0.9	87 300	20 908	1.8194
汽油	18.9	0.98	67 500	43 070	2.9251
柴油	20.2	0.98	72 600	42 652	3.0959
瓶装液化气	17.2	0.98	61 600	50 179	3.1013
天然气	15.32	0.99	54 300	51 434	2.8603
焦炉煤气	13.58	0.98	37 300	16 726	0.8162
燃料油	21.1	0.98	75 500	41 816	3.1705

3.4.2　浙江省家庭碳排放

如表 3-6 和表 3-7 所示，2017 年浙江省城市户均排放 1378.64 千克二氧化碳，乡村排放 1555.42 千克二氧化碳，稍多于城市。

从能源品种来看，电力是碳排放的主要来源，2017 年浙江省城市户均电力排放二氧化碳 1139.61 千克，占总量的 82.7%；而乡村排放 1302.62 千克二氧化碳，占总量的 83.7%。这一方面是由于浙江省本身对于电力的消费量较大，另一方面也与发电方式和结构有关。但如果按照华东区域的碳排放因子计算，电力二氧化碳排放是现在的 2 倍，可见浙江省电力的清洁性。其余来源中，城市和乡村差别不大。具体情况见图 3-11 和图 3-12。

表 3-6 2017 年浙江省城市户均家庭能源消费碳排放表

单位：千克二氧化碳

能源消费类型		煤	柴油	其他燃料油	瓶装液化气	管道天然气	管道煤气	沼气	薪柴	电力	太阳能	木炭	地热	合计
烹饪	柴火灶/土灶													
	蜂窝煤炉	0.12												0.12
	油炉													
	电磁炉									30.16				30.16
	煤气灶				101.71	77.85	3.83							183.39
	沼气灶													
	电饭煲									91.88				91.88
	微波炉									13.15				13.15
	烤箱									1.58				1.58
	太阳能灶													
	抽油烟机									12.68				12.68
	排气扇									0.70				0.70
家用电器	冰箱									64.00				64.00
	冰柜									10.02				10.02
	洗衣机									28.09				28.09
	电视机									145.14				145.14
	计算机									82.30				82.30
	灯泡									134.48				134.48

能源消费类型		煤	柴油	其他燃料油	瓶装液化气	管道天然气	管道煤气	沼气	薪柴	电力	太阳能	木炭	地热	合计
家庭供暖	家用空调采暖									197.30				197.30
	锅炉管道供暖													
	采暖火炉（燃烧木材/煤炭等）	3.52				3.84								7.36
	电辐射取暖（电暖器）									2.92				2.92
	油热加热器（油热汀）									1.09				1.09
	电热地膜采暖													
热水	热水器					48.16				220.13				268.29
制冷	电风扇									12.94				12.94
	空调									91.04				91.04
合计		3.64			101.71	129.85	3.83			1139.61				1378.64

表 3-7 2017 年浙江省乡村户均家庭能源消费碳排放表

单位：千克二氧化碳

能源消费类型		煤	柴油	其他燃料油	瓶装液化气	管道天然气	管道煤气	沼气	薪柴	电力	太阳能	木炭	地热	合计
烹饪	柴火灶/土灶													
	蜂窝煤炉	1.27												1.27
	油炉		0.0014											0.0014
	电磁炉									5.21				5.21
	煤气灶				113.88	87.17	4.29			0.00				205.34
	沼气灶									0.00				
	电饭煲									85.19				85.19
	微波炉									4.70				4.70
	烤箱									0.84				0.84
	太阳能灶													0.00
	抽油烟机									11.13				11.13
	排气扇									0.87				0.87
家用电器	冰箱									71.87				71.87
	冰柜									8.70				8.70
	洗衣机									35.31				35.31
	电视机									273.30				273.30
	计算机									37.33				37.33
	灯泡									324.44				324.44

能源消费类型		煤	柴油	其他燃料油	瓶装液化气	管道天然气	管道煤气	沼气	薪柴	电力	太阳能	木炭	地热	合计
家庭供暖	家用空调采暖									163.51				163.51
	锅炉管道供暖					3.51				1.46				4.97
	采暖火炉（燃烧木材/煤炭等）					4								4
	电辐射取暖（电暖器）									6.62				6.62
	油热加热器（油热汀）													
	电热地膜采暖													
热水	热水器					38.68				190.29				228.97
制冷	电风扇									16.22				16.22
	空调									65.63				65.63
合计		1.27	0.0014		113.88	133.36	4.29			1302.62				1555.42

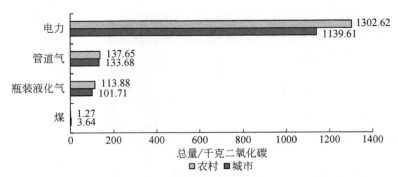

图 3-11 浙江省 2017 年碳排放来源构成：能源种类总量

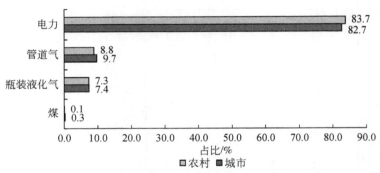

图 3-12 浙江省 2017 年碳排放来源构成：能源种类占比

从能源用途看，根据图 3-13 和图 3-14，城市和乡村的家用电器的碳排放量最大，分别为 464.03 千克二氧化碳和 750.95 千克二氧化碳，占总量的 33.7% 和 48.3%。与能耗最多的烹饪相比，家用电器一跃成为碳排放第一大来源，其原因有二：一是烹饪中使用了部分生物质能（尤其是乡村），其碳排放为 0；二是家用电器使用的能源全部为电力，虽终端清洁，但其生产过程仍以火电为主，这一部分造成的碳排放不可小觑。其他使用方式的二氧化碳城乡差别不大，我们分城乡来描述。在城市中，烹饪占二氧化碳排放的第二位，排放 333.66 千克二氧化碳，占总量的 24.2%；其次是热水器排放 268.29 千克二氧化碳，占总量的 19.5%；之后是家庭供暖排放 208.67 千克二氧化碳，占总量的 15.1%；最后是制冷设备排放 103.98 千克二氧化碳，占总量的 7.5%。在乡村中，烹饪占二氧化碳排放的第二位，排放 314.55 千克二氧化碳，占总量的 20.2%；其次是热水器排放 228.97 千克二氧化碳，占总量的 14.7%；之后是家庭供暖排放 179.1 千克二氧化碳，占总量的 11.5%；最后是制冷设备排放 81.85 千克二氧化碳，占总量的 5.3%。

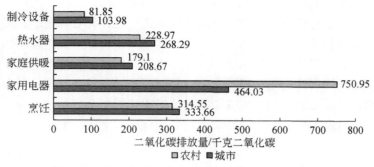

图 3-13　浙江省 2017 年碳排放来源构成：排放总量

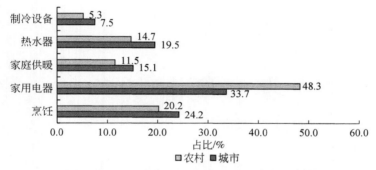

图 3-14　浙江省 2017 年碳排放来源构成：二氧化碳排放占比

3.5　本章小结

本章首先通过绘制能源平衡表与能流图，对浙江省家庭能源消费量和有效能进行分析；其次根据计算结果，在能源种类和能源用途两个维度进一步研究城乡用能结构和碳排放的情况。

结果显示，第一，从能源种类上看，浙江省城乡居民主要使用的能源是电力、管道天然气和管道煤气，煤炭的使用比例很低；从能源用途上看，烹饪和家用电器消耗的能源最多。第二，从能源效率上看，由于电力和管道气的使用比例和转化效率较高，有效能的结果与能耗总量差距不大，损失率仅为 30% 左右。随着电力和管道气等高效清洁能源的消费比例进一步提升，煤等非清洁能源的消费比例则有所降低。第三，从城乡角度上看，乡村的电气化水平已与城市达到同等水平，但在生物质能、电视机和照明的使用上差异较大，这源于住房面积和在家时长的差异以及节能意识的缺乏。第四，从碳排放上看，电力是主要的碳排放来源，家用电器超越烹饪成为碳排放量最高的能源用途。

根据以上分析可以发现，浙江省家庭能源消费整体符合绿色、高效的发展理念，农村对电力和管道气的使用已较为普及，虽然当前以火电为主的发电结构仍需被关注，但浙江省的电力结构已明显优于全国平均水平，为其他省份提供了良好的借鉴。且浙江省的电气化消费在家庭能源总消费占比高于全国平均水平，而煤炭、生物质能等能源消费在家庭能源总消费占比低于全国平均水平，可见浙江省电气化普及程度与低效、污染能源的替代程度走在全国前列。

第4章 家庭能源消费的城乡比较

4.1 能源消费比较

本节将对比浙江省 2017 年城乡能源使用量及使用结构的差异，首先从城乡各项能源的普及情况和使用量出发，对各类能源的使用总量做分析。随后，分别从厨房设备、生活与娱乐设备、取暖设备以及制冷设备四个方面，对城乡的用能量和用能结构进行详细对比。最后，针对电力用能，从电器的总体能效分布、电力总能耗以及电力支出等方面进行深入分析。

4.1.1 各项能源普及率①及用量

4.1.1.1 城镇优质能源②的普及率高于农村

本次调查就城乡家庭各种能源的普及情况进行了对比，包括城镇有效样本 405 户，农村有效样本 844 户。我们通过计算使用某种能源的家庭户数占所有家庭的百分比得到普及率。如表 4-1 所示，城乡均已全面普及电力的使用，使用率为 100%；城镇燃气③普及率已达到 50%，高于农村；而农村薪柴、木炭、柴油、煤炭使用率明显高于城镇。其中，农村薪材使用率为 14.1%，城镇为 2.5%；农村煤炭使用率为 1.9%，城镇仅为 0.5%；城镇木炭和柴油在参与调查的家庭中未使用，农村木炭和柴油使用率分别为 4.5% 和 0.1%。太阳能、太阳能电加热、沼气等清洁能源覆盖范围较小，其中，城镇使用率分别为 6.7%、6.2% 和 2.7%，农村使用率为 2.1%、2.8%、0.1%。城镇居民有更强的经济能力，更加注重节能环保，因此对于优质能源的支付意愿更高，城镇的优质能源普及率明显高于农村。农村居民更容易也更有时间收集到薪柴、秸秆等生物质能源，也倾向于使用这些能源。

---

① 普及率指使用某种能源的家庭占所有家庭的百分比。
② 能源热值高、有害成分少、对环境污染小的能源，常被称优质能源，如电力、天然气、太阳能等。
③ 包括管道天然气、瓶装液化气和管道煤气等。

表 4-1　城乡各项能源普及情况　　　　　　　单位:%

能源种类	城镇	农村
电力	100.0	100.0
瓶装液化气	53.8	45.6
管道天然气	54.8	48.9
煤炭	0.5	1.9
薪柴	2.5	14.1
柴油	0.0	0.1
太阳能	6.7	2.1
管道煤气	53.8	45.6
沼气	2.7	0.1
太阳能电加热	6.2	2.8
木炭	0.0	4.5

　　城镇和农村的用能总量及各项分能源使用量对比如表 4-2 和表 4-3 所示,其用能数据包括厨房设备及生活与娱乐设备以及取暖、制冷与热水器设备。在各类设备的用能中,去除了用于提供餐饮、民宿服务的用能量,能源使用量均经过折算,以千克标准煤为单位。

表 4-2　城乡用能标准量对比情况:分类别　　单位:千克标准煤

	炊具	生活与娱乐电器	制冷设备	供热设备	热水器
城镇	152.6	110	24.7	51.6	101.1
农村	202.3	178	19.4	66.2	75.6

表 4-3　城乡用能标准量对比情况:分能源

能源类型	用量/千克标准煤		用量占比/%	
	城镇	农村	城镇	农村
能源消费标准量	440.0	541.6	100.0	100.0
电力	281.3	313.3	63.9	57.9
瓶装液化气	55.0	61.6	12.5	11.4
管道天然气	79.0	81.1	17.9	15.0
管道煤气	2.1	2.3	0.5	0.4
煤	1.6	0.4	0.4	0.1
木炭	0.0	18.9	0.0	3.5

	用量/千克标准煤		用量占比/%	
薪柴	9.8	61.3	2.2	11.3
太阳能	8.6	2.5	2.0	0.5
沼气	2.7	0.1	0.6	0.0

4.1.1.2　农村家庭能源消耗总量高于城镇

从用能总量上看，城乡家庭户均能源消耗量分别为440千克标准煤和541.6千克标准煤，农村家庭户均用能量比城镇高出101.6千克标准煤。其中炊具、生活与娱乐电器及供热三类上，农村家庭户均用能量分别比城镇高出49.9千克标准煤、68千克标准煤、14.6千克标准煤，而其制冷和热水器用能则分别比城市低5.3千克标准煤和25.5千克标准煤。从能源种类上看，农村比城镇高出的用能主要表现在电力、木炭和薪柴的使用上，分别比城镇高出32千克标准煤、18.9千克标准煤和51.5千克标准煤。

4.1.1.3　农村家庭电力用能比例低于城镇

城乡分能源使用比例[①]如图4-1所示，可以看出，电力、瓶装液化气以及管道天然气这三种能源在各类能源用量中占主体地位，三类能源的用量总占比城乡分别达到了94%和84%。此外，农村的薪柴用能比例却高达11%。

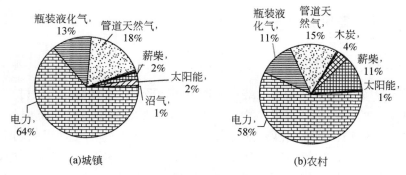

(a)城镇　　　　　　　　　　　(b)农村

图4-1　城乡能源使用量结构对比[②]

对农村薪柴用量进一步分析发现，96.5%的薪柴用能来自于烹饪时使用的柴

---

① 能源使用比例=该能源用量/总能源用量*100%。

② 用能占比小于0.5%的能源未在图中标识，其数值可参见表4-3。

火灶/土灶，另外3.5%来自家庭供暖时使用的采暖火炉。进一步追溯数据可以得到表4-4，可以看出，样本中薪柴使用户数的比例较高的县级市为临安、嵊泗和义乌，分别有45.3%、42.7%和24.1%，在使用薪柴的家庭中，平均薪柴用能量较高的县级市为丽水、衢州、台州和温州，分别达到了1094.2千克标准煤、1037.5千克标准煤、901千克标准煤和677.4千克标准煤。

表4-4　2017年浙江省农村家庭调查样本中各县薪柴用能量

地级市	县级市	使用薪柴的户数/户	使用薪柴的户数所占比例/%	户均薪柴年用能量/千克标准煤
丽水	龙泉	1	1.3	1094.2
台州	临海	2	8.0	901.0
杭州	临安	34	45.3	474.7
温州	洞头	3	3.9	677.4
绍兴	新昌	2	3.9	160.7
舟山	嵊泗	32	42.7	222.6
衢州	江山	17	13.9	1037.5
金华	义乌	19	24.1	237.0
金华	东阳	9	18.0	217.5

注：使用薪柴户数所占比例是其在县级市中的比例；户均薪柴年用量=薪柴总用能量/使用薪柴的户数

4.1.2　家用设备用能

4.1.2.1　厨房设备

（1）城乡家庭厨房电器用电结构大致相同；平均功率城镇高于农村

本次调查的家庭的厨房设备中，以电力为主要能源设备包括电磁炉、电饭煲、微波炉、烤箱、抽油烟机和排气扇。本次调查未获得抽烟烟机的功率信息，前四者电器功率均以拍照的形式记录。平均功率的大小如图4-2所示。被调查的城乡家庭家用烤箱的平均功率最高，城镇家庭约952.4瓦，农村家庭约650瓦。其次为电磁炉、微波炉、电饭煲，平均功率在550~900瓦。根据家庭能源核算方法，我们结合各厨房电器的功率、使用时间、使用频率、设备数量，计算得出厨房电器的用电量。城镇电磁炉、电饭煲、微波炉、烤箱、抽油烟机、排气扇的户均年用电量分别为7.2千克标准煤、21.8千克标准煤、3.1千克标准煤、0.4千克标准煤、3.0千克标准煤、0.2千克标准煤，农村各厨房电器的户均年用电量分别为 1.2 千克标准煤、20.2 千克标准煤、1.1 千克标准煤、0.2 千克标准煤、2.6 千克标准煤、0.2 千克标准煤。图 4-3 表示各类厨房用电器的用电占总电量的比例。由于电饭煲相比于其他厨房电器使用频率高，用电量最多，农村家庭电饭煲用电量占厨房电器总用电量的比例高于城镇，占比分别为 79.0% 和 61.2%。农村家庭抽油烟机用电量占比高于城镇，占比分别为 10.3% 和 8.5%。城镇家庭电磁炉和微波炉的户均拥有量和使用频率高于农村，因此用电量和使用占比高于农村。

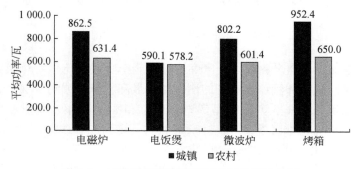

图 4-2　城乡居民家庭厨房用电设备平均功率

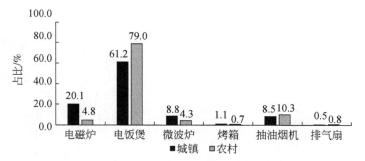

图 4-3　城乡家庭厨房电器用电结构

除厨房用电设备外，炊事设备还包括柴火灶/土灶、油炉、煤气灶、太阳能灶等非用电设备，接下来将对所有炊事设备的各类能源用量及其使用比例进行对比。

（2）农村家庭烹饪的电力用能略低，薪柴用能远高于城镇

图 4-4 为各类炊事燃料的户均年用量，从高到低依次为瓶装液化气、管道天然气、薪柴、电力等。其中瓶装液化气和管道天然气的城乡用量相差不多，年用量均分别在 60 千克标准煤和 50 千克标准煤左右；城乡薪柴用量分别为 9.8 千克标准煤和 59.2 千克标准煤，农村薪柴的使用量是城镇的 6 倍左右；城乡家庭的户均电力年用量分别为 36 千克标准煤和 26 千克标准煤，城镇家庭的用电量比农村家庭高出了约 38.5%。

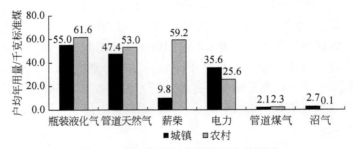

图 4-4　用于炊事的各类能源户均用量

图 4-5 对比了各类燃料在城乡家庭炊具用能中所占的比例。城镇家庭的炊具燃料中，瓶装液化气和管道天然气的使用比例最高，分别占到 36%、31%，电力的使用比例占到了 23%；其他类型燃料占比总和不足 10%，少量厨房炊具用能来自于薪柴、沼气和管道煤气。农村家庭的炊具燃料中，薪柴用量占比为 29%，比城镇的薪柴占比高出了 22%；瓶装液化气和管道天然气的用量占比分别为 31% 和 26%，略低于城镇；而电力占比仅为 13%，比城镇电力用量占比低了 10%。

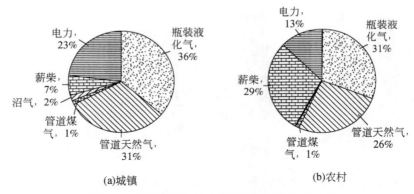

(a)城镇　　　　　　　　　　(b)农村

图 4-5　各类燃料在城乡家庭炊具用能中的占比

从不同的炊具种类来看，城乡主要的炊事用能设备为煤气灶和电饭煲，另外农村柴火灶/土灶有较高的使用比例（图 4-6）。这些用柴火灶/土灶的家庭几乎很少使用其他类型的炊具，他们柴火灶/火灶的户均年能源使用量达到了 414.4 千克标准煤，且 94% 的炊事用能来自于薪柴。除这几类常用的炊事设备之外，其他炊事设备的使用频率不高，因此年耗能量也较小。

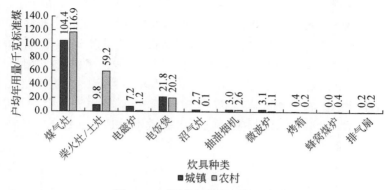

图 4-6   不同炊具的能源使用量

4.1.2.2   生活与娱乐设备

（1）除冰柜外，城镇家庭生活与娱乐设备的平均功率均低于农村

本次家庭调查所涉及的生活与娱乐用电设备包括冰箱、冰柜、洗衣机、电灯泡等生活耐用品和电视机、计算机等娱乐设备。上述电器的平均功率在 300 ~ 700瓦，冰柜的功率最高，其余电器功率上的差异较小。除冰柜外，其余城镇家庭电器的平均功率均低于农村（图 4-7）。

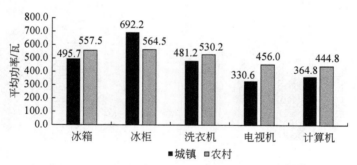

图 4-7   城乡居民生活与娱乐电器平均功率

（2）农村家庭电视机和灯泡的用电量高于城镇

如图 4-8 所示，城镇家庭冰箱、冰柜、洗衣机、电视机、计算机、灯泡户均年用电量分别为 15.2、2.4、6.7、34.4、19.5、31.9 千克标准煤，农村家庭分别为 17.0、2.1、8.4、64.8、8.9、76.9 千克标准煤。城乡家庭的电视机和灯泡用电量大，而冰柜、洗衣机、冰箱、计算机耗电较少，用电占比均未超过 20%。

对比发现，农村家庭电视机和灯泡户均用量和占比均高于城镇家庭。电视机是城镇家庭生活与娱乐设备中用电量最多、占比最大的电器，占比为 31.3%，但低于农村家庭电视机用电占比（36.4%）。原因可能有：第一，农村居民在家中的时间相比于城镇居民更长，生活娱乐活动却不如城镇丰富，电视机是主要的娱乐设施。如图4-9所示，农村家庭每天使用电视机时间在2～8小时的比例大于城镇，城镇家庭每天使用电视机时间更多在2小时之内。故农村对电视机的使用时间更长。第二，农村家庭电视机能效水平不及城镇家庭，因此耗能大于城镇家庭。如图4-7所示，农村家庭电视机平均功率高于城镇家庭，农村为456.0瓦，城镇为330.6瓦。据统计，农村家庭电视机能效水平达到一级的比例为20.9%，城镇家庭这一比例为32.3%。

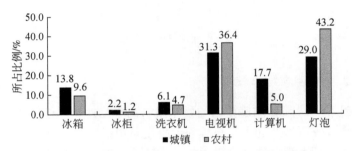

图4-8 城乡居民生活与娱乐电器电力使用结构

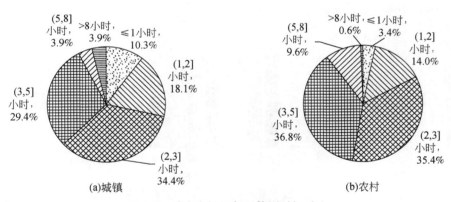

图4-9 城乡电视机每天使用时间对比

农村家庭耗电最多、占比最大的是灯泡，占比为43.2%，高于城镇家庭灯泡用电占比（29.0%）。原因可能是：第一，农村住房空间层数和建筑面积均大于城市，需要更多的灯泡照明。如图4-10和图4-11所示，农村约有66%的样本家庭的住房是两层式的结构，而城镇家庭住房普遍只有一层；有64.7%的城镇住户的住房面积在70～120平方米，但却有64.8%的农村家庭的住房建筑面积在120平方米以上。农村更大的居住空间所需要的灯泡数量更多。如图4-12所示，约有 48.6% 的农村家庭最常用的灯泡数量在 4 盏以上，城市家庭仅有 33.7%。城镇家庭最常用的灯泡数量为 1 ~ 3 盏。农村家庭使用的灯泡数量更多，耗能也更多。城镇居民相比于乡村居民节能意识更强，更多地选择单位时间耗电量少的照明设备。相比白炽灯而言，日光灯和节能灯更节能环保。如图 4-13 所示，节能灯在城镇家庭总照明设备中的比例为 68.3%，比乡村家庭高 8.5%，相反，白炽灯在乡村家庭中的使用比例比城镇家庭高近 4 个百分点。对比不同类型照明设备的使用时间，如图 4-14 和 4-15 所示，乡村家庭在更多地选择使用白炽灯的同时也使用了更长时间的白炽灯，城乡家庭使用白炽灯的平均时长在 3 ~ 8 小时的比例分别为 45.7% 和 67.2%，时长在 3 小时以内的比例分别为 50.5% 和 31.3%。就照明设备的功率来看，如图 4-16 所示，约有 30% 的城镇家庭使用的照明设备功率在 50 瓦以上，而乡村家庭的这一比例为 50%，这也增加了乡村照明设备的平均总能耗。

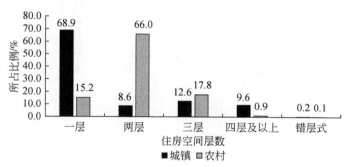

图 4-10　城乡家庭住房类型对比

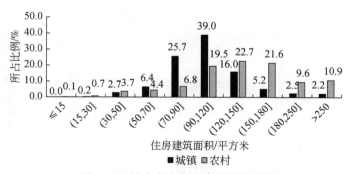

图 4-11　城乡家庭住房建筑面积对比

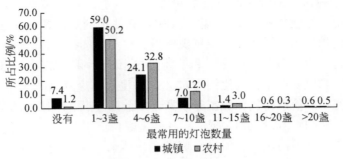

图 4-12　城乡家庭最常用的灯泡数量情况对比

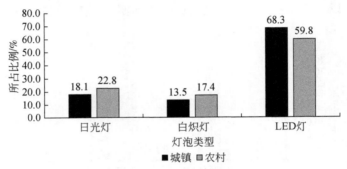

图 4-13　城乡家庭灯泡类型对比

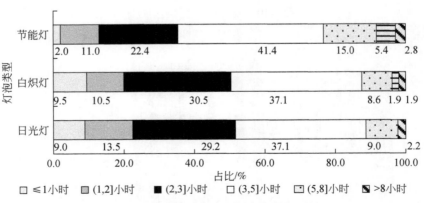

图 4-14　城镇家庭灯泡平均每天使用时间

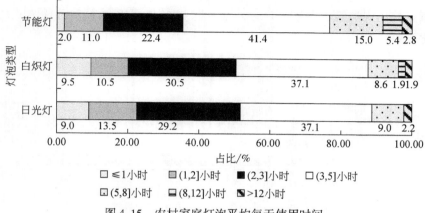

图 4-15　农村家庭灯泡平均每天使用时间

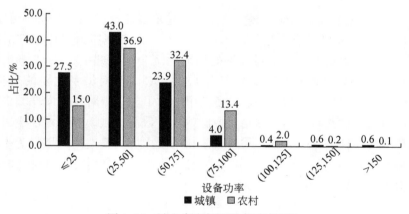

图 4-16　城乡家庭灯泡设备功率对比

另外，城镇家庭冰箱、冰柜、洗衣机、计算机用电量占总用电量的比例均高于农村。其中，由于城镇家庭购买和使用计算机较多，城乡计算机的电力占比相差约13%，差异明显。

4.1.2.3　取暖设备

（1）城乡取暖设备构成比较

根据此次调查问卷，城镇居民分户供热每年的能源消耗量平均为51.6千克标准煤，农村居民分户供热每年的能源消耗量平均为66.2千克标准煤。

图4-17为城乡不同采暖方式的能源用量，从中可以看出农村居民家用空调采暖年耗能为38.8千克标准煤，采暖火炉年耗能为23.1千克标准煤；城镇家庭

几乎全部使用家用空调采暖，户均年耗能为 46.8 千克标准煤。此外，农村还有部分家庭使用锅炉管道供暖，而油热加热器、电辐射取暖这两种取暖方式的城乡使用量都很小。

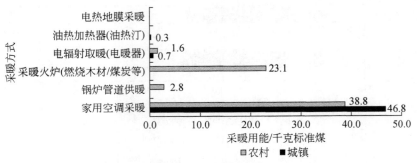

图 4-17　城乡不同采暖方式能源用量对比

图 4-18 对比了城乡不同采暖方式用能占总取暖用能的比例。从中可以看出，城镇居民 98% 的采暖用能均是使用家用空调，相较于城镇，农村家庭的供暖设备类型较多，其家用空调和采暖火炉的用能比例分别达到了 59% 和 35%，锅炉管道供暖和电辐射取暖相对较少分别为 4% 和 2%。针对城乡主要的采暖方式，表 4-5 对其使用时长、取暖面积、设备功率等做了进一步对比，发现城乡空调每年取暖的月份长度相近，但农村每日取暖的小时数虽比城镇少 2.6 个小时，平均取暖面积却比城镇高 6 平方米；另外，农村采暖火炉主要使用的燃料为木炭，每年约使用 554.4 小时①，比农村空调的使用时间长 223 个小时。可见，农村的冬季取暖对生物质燃料的使用量很大。

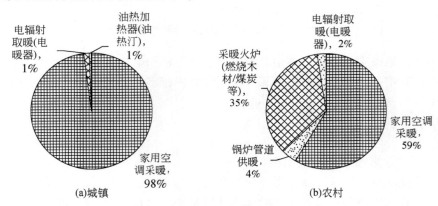

图 4-18　城乡不同采暖方式用能比例对比

①　554.4＝2.8 月/年×30 天/月×6.6 小时/日。

表 4-5　城乡主要采暖方式的使用情况对比

城乡	取暖方式	取暖器燃料	取暖时长月/年	平均每天取暖时长小时/天	取暖面积/米²	取暖器功率/千瓦	取暖器数量
城镇	家用空调采暖	电力	2.4	7.2	23.3	2.7	1.0
农村	家用空调采暖	电力	2.4	4.6	29.4	2.9	1.1
	采暖火炉	木炭	2.8	6.6	27.4	—	1.0
		薪柴	2.5	7.0	48.3	—	1.0
		天然气	2.2	5.0	41.7	—	1.0

（2）城镇家庭采暖主要使用电能，而农村主要使用电能和生物质能

图 4-19 对比了城乡供热所用的各类能源用量，从图中可以看出，农村家庭的供热用能高于城镇家庭。分能源来看，城镇家庭供热几乎全部使用电力，每户的年均用量分别为 47.7 千克标准煤；农村居民供热主要使用电力和木炭，户均年用量分别为 40.7 千克标准煤和 18.9 千克标准煤。并且我们发现，调查样本中的城镇家庭冬季未使用薪柴和木炭供热，农村居民冬季未使用煤来供热。

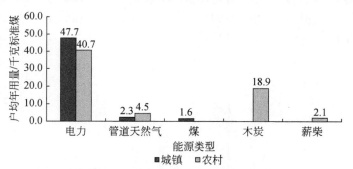

图 4-19　城乡供暖用能分能源用量对比

图 4-20 对比了城乡供暖各能源的使用比例。其中，城镇家庭供暖所用电能占到总取暖用能的 93%，管道天然气和煤炭占比非常小，仅 4% 左右；农村家庭供暖使用的能源类型较多，电力占到 60% 以上。与城镇家庭明显不同的是，其木炭、薪柴等生物质能用量占总取暖用能的 31%。

（3）电力和管道天然气是热水器的主要用能来源

热水器设备分为储水式和即热式热水器，在调查样本中，城镇居民 67% 的家庭使用储水式热水器，33% 的家庭使用即热式热水器；农村居民两者的使用比例则大致相当，分别为 52% 和 48%。

图 4-21 为热水器不同能源的家庭年平均用量，其中农村居民热水器的年耗能总量为 75.6 千克标准煤，城镇居民热水器的年耗能总量为 101 千克标准煤，

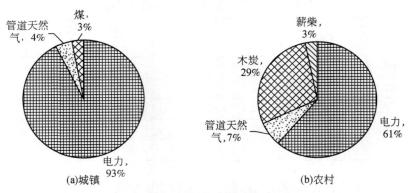

图 4-20　城乡供暖各能源使用比例

城镇热水器用能量比农村高出了 33.6% 。从不同的能源类型看，城镇居民热水器所用各类能源均高于农村，电力、管道天然气和太阳能的户均年用量分别比农村高 13.6 千克标煤、5.8 千克标煤和 6.1 千克标煤。

表 4-6 对比了城乡热水器的具体使用情况，从中可以看出，城镇电力用能较高的原因很可能是因为使用电力的热水器所占比例大，而管道天然气和太阳能用量较高与使用频率和每次使用时长较高有关。

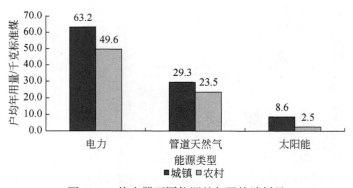

图 4-21　热水器不同能源的年平均消耗量

表 4-6　城乡热水器使用情况对比

城乡	热水器燃料	使用该燃料热水器的比例/%	使用频率	每次使用时间/小时	设备功率/千瓦	能效标识
城镇	电力	85.5	1.2	0.6	1.4	1.0
	天然气	4.9	1.4	0.3	1.4	1.0
	太阳能	9.7	1.6	0.5	1.5	1.0

乡村振兴背景下的家庭能源消费研究：以浙江省为例

城乡	热水器燃料	使用该燃料热水器的比例/%	使用频率	每次使用时间/小时	设备功率/千瓦	能效标识
农村	电力	80.8	1.4	0.3	1.3	1.2
	天然气	9.7	1.2	0.4	1.4	1.0
	太阳能	9.5	1.2	0.4	1.6	1.2

图 4-22 进一步对比了城乡热水器不同能源的用量占比。可以看出，城乡热水器所消耗的能源中，电力是主要的供能来源，农村热水器的电力用量虽小于城镇，但电力所占比例却比城镇高 3%，主要因为农村的太阳能用能量较小，仅为 3% 左右，比城镇低了 5 个百分点。

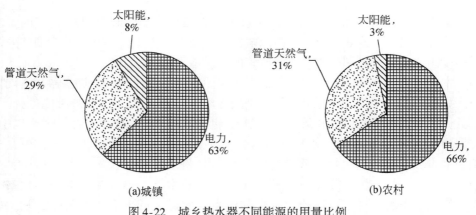

(a)城镇 (b)农村

图 4-22 城乡热水器不同能源的用量比例

4.1.2.4 制冷设备

如图 4-23 所示，城乡空调用电量明显大于风扇，城镇家庭空调用电量大于农村家庭。制冷设备主要包括空调和风扇，城镇家庭空调、风扇户均年用电量分别为 3.1 和 21.6 千克标准煤，农村家庭空调、风扇户均年用电量分别为 3.8 和 15.6 千克标准煤，城乡空调用电量远远高于风扇。由于农村家庭空调家庭拥有量少，装有空调的住户为了省电，较少使用空调，农村家庭风扇用电量占总电量的比例高于城镇，农村家庭空调用电比例低于城镇。

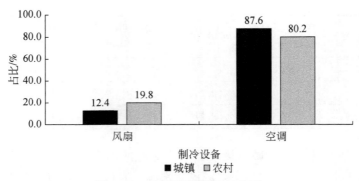

图 4-23　城乡制冷设备用电结构

4.1.3　总体能效分布

除用电器的功率和使用时间，能效水平也是决定实际耗电量的关键因素之一。同等情况下，能效等级越高的用电器实际用电量更少。因此，推广高能效产品的使用便成为节能部门推行节能政策的重要举措之一。

本次调查中涉及能效水平的电器主要包括电冰箱、洗衣机、热水器和空调四类。如图 4-24 和图 4-25 所示，每一类用电器中均有相当一部分缺乏能效标识，尤其城镇居民家用电视机和热水器中没有能效标识的设备比例占到了一半以上，分别为 54.3% 和 50.6%，冰箱为 11.4%，冰柜为 23.3%，洗衣机为 21.5%，空调为 17.6%。而农村家庭中没有标识的设备比例最高是电视机，为 27.2%，冰箱为 6.6%，冰柜为 4.1%，洗衣机为 15.3%，热水器为 21.5%，空调为 5.9%。农村家庭各类用电器中没有能效标识的设备占比远远低于上述城镇的比重。如图 4-26 和图 4-27 所示，有能效标识的设备中，城镇电冰箱达到一级能效的比例最大，其次为电视机、冰柜和洗衣机，占比分别为 46.7%、32.2%、30.3% 和 26.9%；农村冰柜达到一级能效的比例最高，其次为冰箱、洗衣机、电视机，占比分别为 49.5%、33.8%、23.7% 和 20.9%。城乡一级能效标识比例最低的用电器均为空调，占比分别为 15.7% 和 15.9%。计算达到二级以上（包括二级）能效标识的电器占各类别电器数量的百分比，我们发现除洗衣机和电视机外，农村各类用电器达到一、二级能效水平的比重均高于城镇。农村冰箱、冰柜、热水器和空调是一级或者二级能效水平的比例分别是 79.0%、96.8%、76.1% 和 56.4%，城镇家庭比例分别是 77.4%、90.9%、75.0% 和 38.6%。农村家庭的洗衣机和电视机达到二级以上的能效水平的比例分别为 69.7% 和 67.9%，城市家庭上述比例分别为 73.1% 和 73.4%，城乡差别较小。上述现象的原因可能是：近年来随着"家电下乡"政策的推进，农村家电消费市场快速增长，家电购买量远超以前，因此，农村家庭较多家电的购买时间晚于城镇。此时，家用电器的能效标识实施体系更加完善，能效标识执法管理加强，更多的家电依法标注能效标志。因该阶段更加注重节能，家电的能源效率普遍提高，达到二级以上（包括二级）的能效水平的家电也逐渐增多。

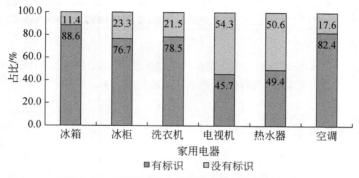

图 4-24 城镇居民家庭用电器能效标识情况

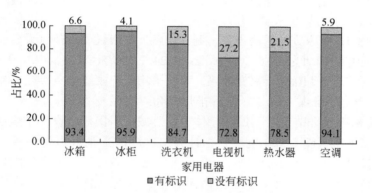

图 4-25 农村居民家庭用电器能效标识情况

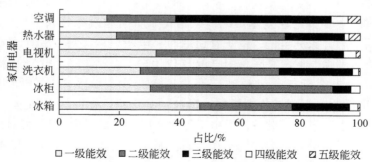

图 4-26 城镇居民家庭用电器能效水平分布情况

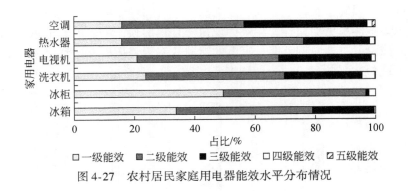

图 4-27　农村居民家庭用电器能效水平分布情况

4.1.4　总体电力消费

根据本书前文所述的家庭用能核算方法，我们利用已有的设备平均功率、设备数量、使用频率、每次平均使用时长、一年有效使用天数信息计算得出各类设备的年用电量和城乡总用电量，以比较城镇和农村电力用能的实际情况。

（1）城乡生活与娱乐设备用电最多

城镇平均每户家庭的厨房设备、制冷设备、取暖设备、热水设备、生活与娱乐设备年用电量分别为35.6千克标准煤、24.7千克标准煤、47.7千克标准煤、63.2千克标准煤、110.0千克标准煤，农村平均每户家庭的各类电器年用电量分别为25.6千克标准煤、19.4千克标准煤、40.7千克标准煤、49.6千克标准煤、178.1千克标准煤。结合图4-28，整体看来，城乡居民用电设备中生活与娱乐设备（冰箱、冰柜、洗衣机、电视机、计算机、灯泡）消耗电量最多，所占比例最大，农村家庭占比为56.8%，城镇家庭占比为39.1%。生活与娱乐设备用电量占比最高与耐用品种类多、年使用天数多的特性息息相关。其次为热水器用电，城镇家庭占比为22.5%，农村家庭占比为15.8%。家庭取暖和家庭制冷设备因受季节限制，年使用天数低，家庭取暖设备主要在采暖季时期使用，家庭制冷的使用时间主要集中在夏季。因此，相比于生活与娱乐设备，用电量占比较低。供暖用电器（家庭空调、锅炉管道取暖、电辐射取暖等）用电量位列第三，其中，城镇居民用电量占家庭总用电量的17.0%，农村居民用电量占家庭总用电量的13.0%。制冷设备（风扇和空调）用电最少，城乡占比分别为8.8%和6.2%。厨房设备（电磁炉、电饭煲、微波炉、烤箱、抽油烟机和排气扇）虽然平均功率大于生活与娱乐设备，但由于每次使用时长低于生活与娱乐用电器，年用电量较少，占总用电量的比例排在第四，城乡占比分别为12.7%和8.2%。

（2）城乡分类用电量比较

具体到不同的耐用品种类，如表4-7所示，城镇家庭电器设备用电量占总用电量比例最大的是热水器，为22.5%，其次是作为取暖设备的家用空调，占比为16.6%。两者占比均高于农村家庭，农村家庭比重分别为15.8%和12.4%。除家用空调之外，取暖设备中油热加热器和电辐射取暖仅占一小部分，城镇家庭油热加热器供暖用电量占比为0.1%，城乡电辐射取暖用电量占比分别为0.2%和0.5%。农村家庭家用电器中耗电最多的是灯泡，占家庭总用电量的24.6%；其次为电视机，所占比例为20.7%，城镇家庭灯泡和电视机占比分别为11.3%和12.2%。城乡在其他生活与娱乐设备用电量上的差别不大，城乡家庭冰箱用电量占比约为5.4%，洗衣机用电量占比约为2.5%，冰柜用电量占比均低于1%。农村在灯泡和电视机的用电量远超城镇，从而使得农村生活与娱乐设备用电量大大超过城镇。厨房设备中，电饭煲用电量比例位居首位，城镇家庭用电量占比为7.7%，农村家庭用电量占比为6.5%。除排气扇和烤箱外，其余厨房用电器用电量占总用电量的比重，城镇家庭均高于农村家庭。整体看来，城镇家庭厨房电器、采暖电器、热水设备、制冷设备用电量和占比高于农村家庭。这是由于城镇家庭倾向于使用更加清洁化、商品化的电力，而农村家庭因能源的可获得性和经济条件的限制，在炊事、取暖方面有使用薪柴的偏好，在制冷方面较为频繁地使用费电少的风扇。

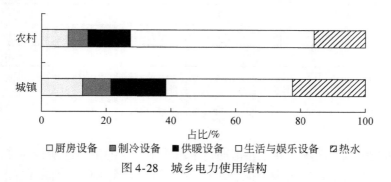

图4-28　城乡电力使用结构

表4-7　城乡居民家庭各类用电器用电量占家庭总用电量百分比　单位:%

用途	耐用品种类	城镇	农村
厨房设备	电磁炉	2.5	0.4
	电饭煲	7.7	6.5
	微波炉	1.1	0.4
	烤箱	0.1	0.1
	抽油烟机	1.1	0.8
	排气扇	0.1	0.1

用途	耐用品种类	城镇	农村
生活与娱乐设备	冰箱	5.4	5.4
	冰柜	0.8	0.7
	洗衣机	2.4	2.7
	电视机	12.2	20.7
	计算机	6.9	2.8
	灯泡	11.3	24.6
家庭取暖	家用空调	16.6	12.4
	锅炉管道供暖	0.0	0.1
	采暖火炉	0.0	0.0
	电辐射取暖	0.2	0.5
	油热加热器	0.1	0.0
	电热地膜采暖	0.0	0.0
	其他	0.0	0.0
热水	热水器	22.5	15.8
家庭制冷	风扇	1.1	1.2
	空调	7.7	5.0
合计		100.0	100.0

4.2 影响因素比较

目前全球能源市场正处于转型期，全球能源需求的重心逐渐转向了以中国和印度为代表的高增长发展中国家，2016年两国能源需求的总增量约占全球总增长的一半，中国已连续十六年成为全球范围内增速最快的能源市场。与此同时，在科技进步和环境保护需求的共同驱动下，能源结构正在向更清洁、更低碳的燃料转型，中国在这一过程中的责任与贡献同样不可忽视。

居民部门的能源消费在中国总的能源消费中占有重要地位，如2015年生活消费的能源总量为50 099万吨标准煤，贡献了我国能源消费总量的12%，增量的70%；近十年人均生活能源消费量逐渐攀升，从211千克标准煤上升到了365.4千克标准煤，约增长了73%①。

---

① 根据2016年、2017年《中国统计年鉴》相关数据计算得到。

为了控制能源消费的快速上涨，技术手段一直被认为是达到此目的的一个重要途径，但是该政策的实施往往达不到预期效果，学者们将其原因归结为回弹效应。袁晓霞（2016）对主要大城镇城镇居民的用能总量、用电量数据采用双对数模型计算得出，城镇居民生活用能直接回弹效应短期为67%，长期高达92%；城镇居民生活用电直接回弹效应短期为49%，长期为76%。由此可见，现阶段单凭提高能源效率并不能达到节能减排的理想效果，还需要结合居民用能的其他特征进行综合考虑。

于晓勇等（2011）将影响居民部门能源消费的主要因素归结为六大类：①能源消费结构差异；②人口增长；③居民生活水平；④节能设备引入以及旧设备的更新换代；⑤生活方式以及居民节能态度；⑥能源价格、税收补贴政策、气温等外部因素。本节根据浙江省家庭能源消费问卷和浙江省相关统计年鉴的数据，从城乡居民的人口特征、住房特征和外部因素三个方面对比影响居民用能的主要因素。此次调查数据共计有城镇有效样本数425户、农村有效样本数844户。

4.2.1 人口特征

4.2.1.1 城乡人口比例

一方面，中国农村能源消费结构正在从传统的非商品能源消费模式过渡到商品能源消费模式，农村能源需求正在成为中国能源需求和碳排放增长的主要来源。另一方面，随着我国城镇化建设的稳步推进，由城镇居民带来的能源消费也将继续增加。

图4-29为浙江省城乡人口所占比例的变化，近些年逐渐呈现出明显的剪刀差趋势，2016年城乡人口所占比例基本达到了7∶3。

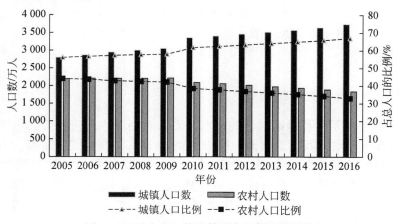

图4-29　城乡人口数及其所占比例变化趋势

资料来源：《浙江统计年鉴2017》

4.2.1.2 人均可支配收入

收入对家庭能源消费具有很强的影响，并会影响家庭能源消费的结构升级。调查显示，家庭年收入与冰箱、空调、灯泡等家用电器的使用时间及能耗呈正相关。蒲清平等（2012）基于对重庆地区 632 户居民用能行为的调查，发现收入上升时，34% 的家庭会选择延长开启空调的时间。另外，用能设备拥有量的差异，也将导致收入水平不同的家庭能源消耗量不同，例如，高收入家庭平均拥有 3 台空调、2 台电子计算机，而低收入家庭平均拥有 1.6 台空调、1 台电子计算机，由此导致高收入家庭此方面的能耗也偏高。

图 4-30 为浙江省城乡居民人均可支配收入与人均消费水平的情况，由图 4-30 可知，近十年人均收入水平的增长速度明显加快，其中城镇居民人均可支配收入从 18 265 元增长到 47 237 元，农村居民人均可支配收入从 7335 元增长到 22 866 元，增长率分别为 159%、212%。城镇居民人均消费水平的增长低于收入水平的增长，而农村居民的收入与消费基本持平。另外，城乡居民的人均可支配收入差距呈现扩大趋势，2016 年城镇居民的人均可支配收入是农村居民的 2 倍左右。

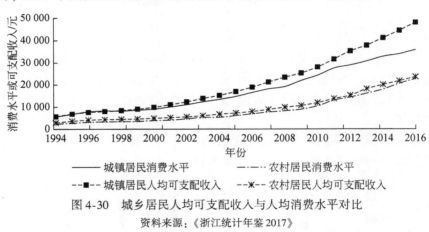

图 4-30　城乡居民人均可支配收入与人均消费水平对比

资料来源：《浙江统计年鉴 2017》

4.2.1.3 最终消费结构

如图 4-31 所示，从城镇居民的消费来看，食品所占比重最大，占到了消费总支出的 30% 左右，其次是衣着，所占比例为 21%，教育支出略高，占到消费总支出的 14%。而居住、交通、生活消费支出大致持平，人均年消费支出在 3500 元左右。医疗的支出相对较少，占消费总支出的 4% 左右。农村居民的消费支出主要集中在食品部门，人均年支出在 6300 元左右；其他六个部门的支出相差不大，分布在 2000 ~ 3000 元。

从城乡对比来看，除医疗外，城镇居民的消费支出均高于农村居民，以食品、衣着和教育最为明显，分别比农村居民高出3300元、4100元和2200元。

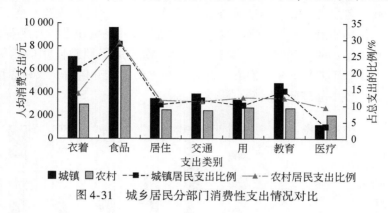

图4-31 城乡居民分部门消费性支出情况对比

4.2.1.4 受教育程度

受教育程度对于城乡居民的用能行为会产生较大的影响，大多数研究表明教育水平越高的家庭越偏好清洁的现代能源。一方面，教育水平高的人有更强的清洁环保理念，对政府推行的能源政策较易理解并接受，且自身收集和使用能源的时间机会成本上升，因而更多使用电力和天然气等清洁、高效的能源；另一方面，教育程度对一个人的收入水平、对生活质量的追求等方面有潜在的影响，高收入人群倾向于选择更舒适的居住环境、更关注各类用能对身体健康的影响，从而用能会向清洁能源转型，减少能源消耗及污染气体的排放。

根据此次调查问卷，城乡居民的受教育年限对比如图4-32所示。城镇居民的受教育程度主要集中在大学、大专和高中，共占城镇居民样本总数的69%；而农村居民的受教育程度则主要集中在高中、初中和小学，在农村居民样本总数中占到71%。

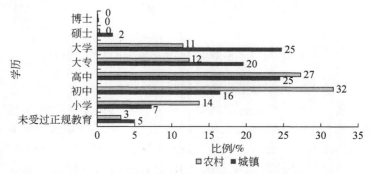

图4-32 城乡居民不同教育水平所占比例

4.2.1.5 对价格的敏感性

在能源价格方面，由图4-33和图4-34可知，农村居民对能源价格更为敏感。当电价从上涨10%到上涨50%时，农村居民照常使用各种电器的比例降低30%，城镇居民则降低20%。当电价上涨2倍以后，农村居民照常使用的比例下降到20%以下，而城镇居民在40%左右。此外，当电价上涨五倍时，农村居民关掉所有用电设备的比例为37%，城镇居民为24%。

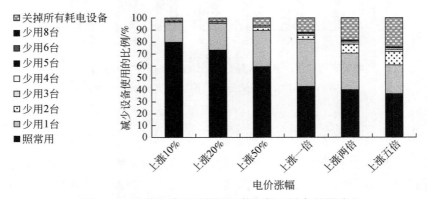

图4-33 电价上涨对城镇居民使用耗电设备的影响

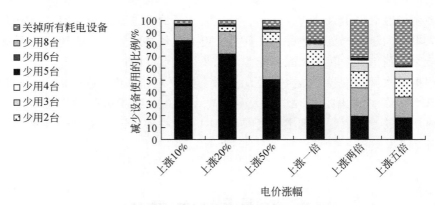

图4-34 电价上涨对农村居民使用耗电设备的影响

通常，在讨论人口特征对家庭能源消费的影响时，还会考虑性别、年龄、家庭人口数等因素。此次抽样调查的城镇居民中，男性和女性分别占49%和51%，农村居民中男性和女性分别占52%和48%。其他因素的详细数据见表4-8。可以看出，农村居民样本的年龄相对较大，而城乡居民家庭的人口数和在家居住时间无太大差别，城镇居民的人均年收入和年支出分别比农村居民高出15000元、

12000 元。

表 4-8 城乡居民人口特征与住房特征对比

人口特征	城镇		农村	
	样本量	均值	样本量	均值
年龄/岁	1 014	34.66	1 835	42.53
家庭总人口数/人	425	2.82	844	2.76
家庭常住人口数/人	425	2.39	844	2.17
在家居住时间/时	1 014	11.37	1 835	11.71
人均年收入/元	405	85 365	844	70 368
人均年支出/元	405	33 687	844	21 681

4.2.2 区位及住房特征

4.2.2.1 区位因素

浙江省地形丰富，不同地形条件下居民能源的可获得性、气温和消费习惯等具有较大的不同。能源可获得性包括家庭获取能源的途径、时间、距离、基础设施等因素，一般可通过是否接入电网、是否接入燃气管道等变量描述现代能源的可获得性，通过是否铺设太阳能电池板等因素描述新能源的可获得性。

为了观察地形对居民能源消费差异的影响，将城镇样本分为山地（金华、衢州、丽水、温州）、平原（杭州、嘉兴、湖州、绍兴）和沿海（台州、宁波、舟山）等地形区，乡村样本分为山地（金华、衢州、丽水、温州除洞头以外的地区、湖州安吉）、平原（杭州、嘉兴、湖州除安吉以外的地区）、沿海（台州、宁波、舟山除嵊泗之外的地区）以及海岛（嵊泗、洞头），计算出各组的户均能源消耗量，具体如图 4-35、图 4-36 所示。

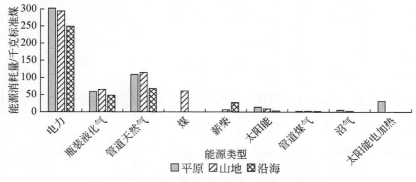

图 4-35 不同地形下城镇居民户均能源消耗量

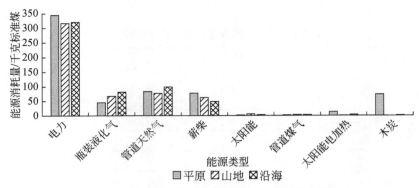

图 4-36　不同地形下农村居民户均能源消耗量

　　城镇居民中，沿海地形区居民消耗的电力、瓶装液化气和管道天然气相对较少；平原地形区居民的太阳能电加热的消耗量比其他地形区高；而山地地形区的居民煤的消耗量则高于其他地区。农村居民中，山地地形区居民的木炭消耗量明显高出其他地形区。

　　家庭住房特征分为建筑特征和用能设备特征。周晓慧等（2011）对广东省农村居住建筑能耗现状进行调查，侧重于分析农村居民建筑结构和改造潜力，并指出能耗值与家庭消费水平有直接的关联，与居住建筑围护结构的保温性能及用户的节能意识也有一定的关系。王悦和赵鹏军（2018）对我国南北方 10 个城镇及农村居民建筑生活能耗进行了全面调查，结果表明，城镇与农村能耗来源和用能结构存在差异，城镇居民人均生活能源消费是农村的 3.2 倍。而且城镇居民建筑用能以燃气和电力为主，农村居民建筑用能则以电力和煤为主，其比例分别占到了 24% 和 20%。

　　随着我国城镇化的加速以及居民收入水平的提高，居住能耗快速增长，尤以电力能耗为主，而电力能耗的快速增长反映了我国近 20 年空调、电热水器、微波炉等家用电器的普及以及我国住宅建筑的空前发展上。家庭用能设备在本章第一节已详细讨论，故本节仅从楼层数、建筑面积和住房日照时间来描述建筑特征。

4.2.2.2　住房层数[①]

　　如图 4-37 所示，城乡居民住房层数最明显的差别为：城镇约 69% 的居民住

---

　　① 住房层数指受访者、住房所包含的层数。比如，受访者住房在总层数为 18 的高楼里的 11 层，住房层数为 1，而非 18 或 11。

房为1层，而农村66%的居民住房为2层，还有约18%的居民住房为3层。可以看出，农村居民的住房层数普遍高于城镇。

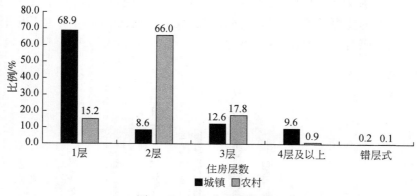

图 4-37　城乡住房层数对比

4.2.2.3　住房建筑面积

城乡家庭住房面积的分布比例如图4-38所示，利用各区间的中位数乘以比例后得出的城乡人均住房面积分别为108平方米和145平方米，与住房层数相类似，农村的人均住房面积大于城镇居民。

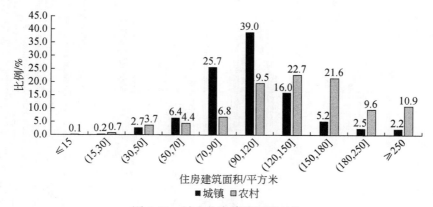

图 4-38　城乡住房建筑面积对比

4.2.2.4　住房日照时间

日照时间直接影响室内温度，从而影响着空调、风扇、冰箱等电器以及冬季取暖设备的使用功率和使用时间。根据我国建筑气候区划分标准，浙江省位于夏热冬冷地区，因此建筑应满足冬季保温、防寒、防冻等要求，夏季应兼顾防热功能。

如图 4-39、图 4-40 所示，农村住房日照时间普遍长于城镇住房，在夏季更为明显。夏季的住房日照时间呈左偏分布，大部分地区日照时间大于 6 个小时，而冬季平均日照时间集中在 3～6 小时。

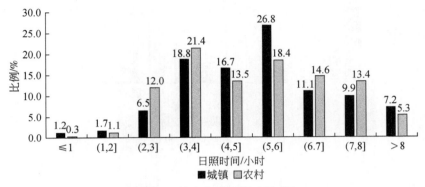

图 4-39　城乡冬季日照时间对比

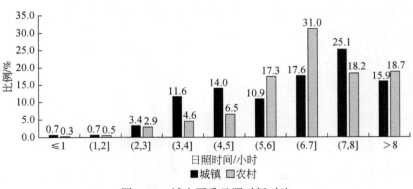

图 4-40　城乡夏季日照时间对比

4.3　本章小结

城乡二元结构①并存是目前我国社会所面对的严峻现实，城乡经济结构上的

---

①　城乡二元结构一般指以社会化生产为主要特点的城市经济和以小农生产为主要特点的农村经济并存的经济结构。

差异也造成了城乡居民家庭能源消费模式的显著差异。本章第一节通过分析城乡用能总量及用能结构、家庭中不同设备的用能情况以及家庭电力消费情况，对浙江省城乡家庭能源消费的差异及特征进行了比较，其中家用设备分为厨房设备、生活与娱乐设备、取暖及制冷设备。第二节从城乡家庭的人口特征及住房特征两个角度，分析造成城乡家庭能源消费差异的原因和相应的作用机制，其中，人口特征包括城乡人口比例、人均可支配收入、最终消费结构、受教育程度以及对价格的敏感程度；住房特征包括住房层数、建筑面积和日照时间。

通过对比城乡能源消费，可以得到如下结论。首先，从总用能方面看，农村的户均能源消耗总量高于城镇，其天然气、太阳能等优质能源的普及率低于城镇。其次，从不同设备使用对比发现：农村居民在炊具、家用电器和热水器用能量上高于城镇，在取暖和制冷设备上的用能则小于城镇居民。其中，炊具虽然用电量较低，但户均薪柴用量比城镇家庭高出 50 千克标准煤左右，是后者的 6 倍多，由此可见，农村家庭的炊事对生物质能的依赖依然很高。另外，从总体电力用能情况看，农村家庭的电力总耗能高于城镇，主要体现在电视机和灯泡用电上，这与农村相对较少的其他娱乐设备、更低的能效及较大的住房面积相关。

从人口特征上看，城镇人口占城乡总人口比逐年增加，浙江省城乡人口比在 2016 年达到了 7∶3，也就意味着城镇家庭的用能结构无疑将对家庭能源消费产生更大的影响。2016 年城镇居民的人均可支配收入和人均消费水平分别是农村居民的 2 倍和 1.6 倍，且其衣食住行等年均各项支出也都高于农村居民。城镇家庭的支出主要为食品、衣着和教育，农村家庭的食品支出较高，其他项支出比例则大致相同。此外，从住房特征上看，农村家庭的住房层数和住房建筑面积均比城镇家庭要大，这可能也是农村居民用能量偏高的原因之一；农村住房的采光优于城镇，在夏季体现得更为明显。

随着城镇化的加速，知识分子、精英阶层以及高收入人群逐渐向城镇集中，城乡能源消费结构将呈现出更大的差距。目前浙江省农村地区的薪柴和木炭用量明显高于城镇，且平均占到农村家庭总用能量的 16% 以上。自 2016 年起，浙江省创建国家清洁能源示范省行动计划的出台和大力推行无疑对改善农村的能源消费状况有很大帮助，2017 年农村家庭的电力、管道天然气等清洁能源占到了居民总用能的 70%。清洁能源的使用不仅关系到居民的幸福感、健康状况，也从一定意义上反映出城乡差距，城镇化过程中低收入群体留在乡村，这部分人能源消费也是最不清洁的。因此伴随着城镇化的进程，政府需要更加关注乡村居民的能源消费情况，以实现全面的乡村能源清洁化。

第5章　乡村经济社会概况

通过第4章的分析，可以看到浙江省的城市和乡村居民在能源消费行为上存在一些不同。本章将从浙江省乡村的农业、人口、居民收入与支出等基本情况，国家及浙江省乡村政策梳理与解读，浙江省乡村资源能源禀赋与利用，浙江省特色旅游与产业描述与分类等方面，展现浙江省的乡村经济社会概况，为后续章节分析家庭能源消费特征打下基础。

5.1　基本情况概览

5.1.1　农业情况

浙江省全面实施乡村振兴战略，大力度推进城乡融合，高水平推进农业农村现代化，加快促进统筹城乡发展，城乡发展一体化水平不断提高。实施"共创共富"的农民持续增收机制，农民收入呈现水平高、速度快、差距小的特点。2017年，浙江省农村常住居民人均可支配收入24 956元，党的十八大以来年均增长10%；城乡居民收入比值为2.054；11个地级市中有7个市城乡居民收入比值缩小到2以内，区域间农民收入差距逐步缩小。

在发展现代农业方面，浙江进一步强调农业在全局的基础地位，将高效生态农业作为目标模式，着重发展现代生态循环农业，加强了畜牧业绿色发展、化肥农药减量增效、渔业转型促治水、海上"一打三整治"、农业"两区"（粮食生产功能区、现代农业园区）土壤污染防治等农业生态建设。同时，浙江省注重培育农业新型经营主体、农业品牌，大力度推进农业产业化、信息化、农产品电商化等进程，加快发展特色农业。特色农业是指根据当地农村的资源状况、产业基础和市场需求，在专业化分工的基础上，发展特色农业及农产品加工业，实现"一村一业"，促进村庄产业发展。如"一片叶子富了一方百姓"的安吉黄杜村就是通过发展白茶产业带动了村庄发展。2017年，浙江省农林牧渔增加值超过2000亿元，农业产业化组织超过5.5万家。

在推动农村生态建设方面，浙江省着眼于乡村旅游、养生养老、运动健康、文化创意、电子商务等"美丽经济"，率先实施生态保护补偿机制、与污染物排放总量挂钩的财政收费制度、与出境水质和森林覆盖率挂钩的财政奖惩制度等，同时实行了"创意农业，即依托美丽乡村建设，按混合融合方式发展'第六产业'"。浙江农村将乡村休闲旅游与创意农业等有机结合，探索农业与第二、第三产业融合的发展模式。通过一二三产业融合发展，拓展农业新功能，发展新业态，促进村庄产业发展、村民增收。

5.1.2　人口情况

截至 2017 年末，浙江省总人口为 5657 万人，其中，城镇人口为 3847 万人，约占浙江省总人口的 68%，农村人口为 1810 万人，约占浙江省总人口的 32%。浙江城镇化率为 68%，远高于全国 58.52% 的平均水平。在全国 31 个省（自治区、直辖市）中，浙江省的城镇化率排名第 6，是我国城镇化率比较高的一个省份。

2017 年，浙江省 1810 万人的农村常住人口中，男性人口为 908.5 万人，约占 50.2%；女性人口为 901.5 万人，约占 49.8%，性别结构比较合理；农村住户数有 1259.25 万户，其中劳动力有 2332.67 万人。农村劳动力中，男性人口有 1239.37 万人，约占 53.13%，女性有 1093.30 万人，约占 46.87%，男性劳动者略多于女性劳动者。

浙江省农村的户均常住人口为 3.03 人，户均常住从业人数为 1.92 人，平均每一常住人口就业者负担人数 1.58 人（包括就业者本人）。

从从事产业（图 5-1）来看，农村居民主要从事第二产业。从事第一产业的人数占比 26.4%；从事第二产业的人数占比 42.8%；从事第三产业的人数占比 30.8%。

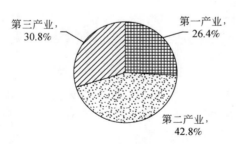

图 5-1　浙江农村居民主要从事产业

从就业状况（图 5-2）来看，浙江省农村居民中其他雇员占比最大，达到 61.2%；其次是农业自营者，达到 24.7%。

从受教育程度（图 5-3）来看，农村小学和初中毕业的人口占大多数，达到 74%。

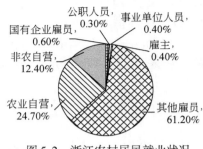

图 5-2　浙江农村居民就业状况

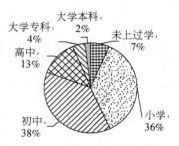

图 5-3　浙江农村居民受教育程度

5.1.3　居民收入与支出

2017 年，浙江农村居民人均可支配收入为 24 956 元，比 2016 年同比增长 9.1%（图 5-4）；全国农村居民人均可支配收入为 13 432 元，浙江农村居民人均可支配收入比全国农村居民高 85.79%，在全国 31 个省（自治区、直辖市）中，浙江省农村居民人均可支配收入排名第二，仅次于上海市。

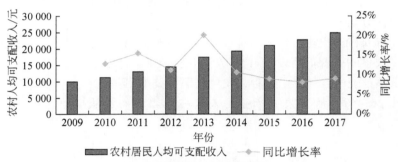

图 5-4　近年来浙江农村居民人均可支配收入及同比增长率

2017 年，浙江省农村居民人均消费支出为 18 093 元，比 2016 年同比增长 4.23%（图 5-5）；全国农村居民人均消费支出为 10 955 元，浙江农村居民人均消费支出比全国农村居民高 65.17%，在全国 31 个省（自治区、直辖市）中，浙江省农村居民人均消费支出排名第一。

2017 年，浙江省农村居民消费价格比上年上涨 2.1%。农村商品零售价格指数上涨 1.7%，农产品生产价格指数下降了 1.0%。农产生产资料价格指数比去年上涨 1.8%。

2017 年，浙江省城镇居民人均可支配收入 51 261 元，农村居民人均可支配收入比城镇居民低 51.32%；全国城镇居民人均可支配收入为 36 396 元，农村居

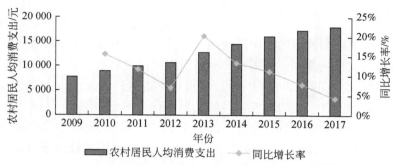

图 5-5　近年来浙江农村居民人均消费支出及同比增长率

民人均可支配收入比城镇居民低 63.09%。

2017 年，浙江城镇居民人均消费支出为 31 924 元，农村居民人均消费支出比城镇居民低 43.32%；全国城镇居民人均消费支出为 24 445 元，农村居民人均消费支出比城镇居民低 55.19%。

总的来看，浙江省农村居民的收入水平和消费水平比较高。虽然城乡之间存在一定差距，但是和我国其他省（自治区、直辖市）相比，城乡贫富分化问题不是很严重。从消费结构来看，浙江省农村居民最大的开销为食品，占比为 31.0%，其次为居住，占比为 24.1%（图 5-6）。

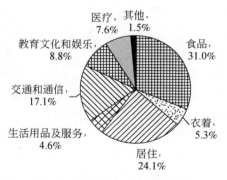

图 5-6　浙江农村居民消费结构

5.2　政策梳理与解读

本节主要从中央乡村发展相关政策文件和浙江省重要的省级市级乡村政策文件这两个方面对乡村政策进行梳理和分析，中央政策文件主要围绕历年的中央一号文件进行整理和说明，浙江省相关政策主要依据近期的重要文件展开分析。

5.2.1 国家乡村政策梳理

由于乡村是不断发展的，不同时期下我国的乡村政策也是针对乡村不断演变的状况进行有侧重的指导，从另一方面讲历年中国乡村政策的变化也反映了农村发展面貌的变化。在 1982～1986 年，中央连续 5 年以农业、农村和农民为主题发布了中央一号文件，对农村和农业的发展进行了指导和部署，自此中央一号文件基本成为农业发展政策的代名词。2004 年以来，我国连续 15 年将中央一号文件聚焦在 "三农" 问题上，强调了 "三农" 问题在中国的社会主义现代化时期 "重中之重" 的地位。

纵观历年中央一号文件的主题，我国对农业相关问题的关注，由农业生产力的发展转向农业生产关系的调整；由农民的生产生活转向对如何更快更好地进行科技创新、制度改革；由农业的综合生产能力转向发展环境友好型农业、资源保护与生态修复，2017 年更是提出了乡村振兴战略，将乡村的发展目标聚焦在百姓富、生态美，打造人与自然和谐发展的乡村新格局，而这其中乡村能源转型更是成为一个重要的命题：要在保证生态的同时，让乡村居民从传统的能源消费结构转向为更为清洁、高效的能源消费结构，坚持绿色可持续发展的道路。中央一号文件主题的变化，展示了我国十几年来向农业现代化迈进的过程。我国农业已经用现代工业、现代科学技术以及现代经济管理方法武装起来，农业生产力由落后的传统农业转化为当代世界先进水平的农业，农业生态由资源过多消耗投入转化为人与自然和谐共处的农业。下面将以时间为线索梳理中央乡村政策的发展。

中共中央在 1982～1986 年连续 5 年发布以农业、农村和农民为主题的中央一号文件，对农村改革和农业发展做了具体部署。这是最早以农业为主题的一号文件，1982 年，中央一号文件《全国农村工作会议纪要》对迅速展开的农村改革进行了总结。文件明确指出包产到户、包干到户或大包干 "都是社会主义生产责任制"。之后的 1983 年，中央一号文件《当前农村经济政策的若干问题》从理论上说明了家庭联产承包责任制 "是在党的领导下中国农民的伟大创造，是马克思主义农业合作化理论在我国实践中的新发展"。1984 年的中央一号文件强调了稳定和完善联产承包责任制。1985 年则是对粮、棉等少数重要产品采取国家计划合同收购的新政策。1986 年的中央一号文件肯定了农村改革的方针政策是正确的，必须继续贯彻执行。

进入 90 年代后半期，城市化与工业化对农业的冲击加剧，农业税负逐步加重，而农产品价格则被压低，农民种地积极性受挫，农民收入增速不断放缓，城乡居民的收入差距不断扩大，导致中国粮食安全形势日益严峻。为此，中共中央将重点放在调整城乡发展战略与引导农村经济发展缩小城乡差距上。自 2004 年起，中共中央连续下达了关于农村社会建设、农业经济发展和农民生活改善的一系列一号文件。农业发展目标由解决温饱问题转向全面建设小康社会的要求，将增加农村居民收入作为政策重点。在这一时期我国的乡村政策主要围绕农业结构调整、增加农民收入为主而展开，力图把过去追求农村经济产量发展的工作重心转为在保持总量平衡、优化农产品结构的基础上，以求全面发展农村经济。

2004 年，中央一号文件《中共中央国务院关于促进农民增加收入若干政策的意见》将促进农民收入增长，解决农民增收困难问题作为主题。文件认为，当前农业和农村发展中还存在着许多的矛盾和问题，其中比较突出的问题是农民的增收困难。在 2004 年的基础上，2005 年，中央一号文件《中共中央国务院关于进一步加强农村工作提高农业综合生产能力若干政策的意见》以提高农业综合生产能力作为主要目标。文件认为，目前农业依然是国民经济发展中的薄弱环节，投入不足、基础脆弱等农业状况没有得到改变，粮食增产、农民增收的长效机制尚未建立，制约农业和农村发展的深层次矛盾没有消除，农村经济社会发展明显滞后的局面尚未根本改观，农村改革和发展仍然处在艰难的爬坡和攻坚阶段，保持农村发展好势头的任务仍然非常艰巨。之后 2006 年和 2007 年，中央一号文件《中共中央国务院关于推进社会主义新农村建设的若干意见》和《中共中央国务院关于积极发展现代农业扎实推进社会主义新农村建设的若干意见》进一步聚焦社会主义新农村建设。文件认为，当前农业和农村发展仍然处在艰难的爬坡阶段，农业基础设施脆弱、农村社会事业发展滞后、城乡居民收入差距大的矛盾依然突出，解决好"三农"问题仍然是工业化、城镇化进程中重大而艰巨的任务。可以发现 2004 年到 2007 年的农业发展目标主要是解决农民增收和城乡收入差距问题，农村经济增长是这几年的首要任务。

2008 年，中央一号文件《中共中央国务院关于切实加强农业基础设施建设进一步促进农业发展农民增收的若干意见》以农业基础设施建设为主。文件提出，要深化农业的基础地位，走中国特色农业现代化道路，建立以工促农、以城带乡长效机制，形成城乡经济社会发展一体化的全新格局。2009 年，中央一号文件《中共中央国务院关于 2009 年促进农业稳定发展农民持续增收的若干意见》主要目标为维持农业稳定发展，保证农业持续增收，减缓金融危机对农业和农村的冲击。2010 年，中央一号文件《中共中央国务院关于加大统筹城乡发展力度进一步夯实农业农村发展基础的若干意见》主要目标为加大统筹城乡发展力度。文件指出，面对复杂多变的发展环境，促进农业生产走上新台阶的制约条件越来越多，保持农民收入较快增长的难度越来越大，转变农业发展方式的要求越来越高，破除城乡二元结构的任务越来越重。2011 年，中央一号文件《中共中央国务院关于加快水利改革发展的决定》将农村建设重点聚焦到加快水利改革发展。这是中华人民共和国成立以年来中共中央首次系统部署水利改革发展全面工作。这一时期，中国乡村建设的主要方向是通过完善农村基础设施来维持农村的稳定发展，保障农村经济水平持续增长，缩小城乡收入差距。

在推进农业现代化的过程中，除了完善农业资产中的基础设施建设，更要重视农村现代化体系与制度的建设，特别是农业现代化必须与农业产业化、农村工业化相协调，与农村制度改革、农业社会化服务体系建设以及市场经济体制建设相配套。确立农业科技创新重要地位、农业体制机制的改革、供给侧结构性调整等，都显示出我国推进农业现代化建设的决心。2012 年以来，中央一号文件主要围绕"农业现代化"主题展开，说明我国农业发展已进入加快推进农业现代化建设的阶段。

2012 年，中央一号文件《中共中央国务院关于加快推进农业科技创新持续增强农产品供给保障能力的若干意见》开始强调农业科技创新的重要地位。随着中央一号文件对农业科技创新改革的重要地位的确立，我国开始进入加快推进农业现代化建设的新阶段。文件认为，实现农业持续稳定发展、长期确保农产品有效供给，根本出路在于科技的发展。农业科技是确保国家粮食安全的基础支撑，是突破资源环境约束的必然选择，是加快现代农业建设的决定力量，具有显著的公共性、基础性与社会性。把农业科技摆上更加突出的位置，要求我国下决心突破体制机制障碍，大幅度增加农业科技投入，推动农业科技跨越发展，为农业增产、农民增收、农村繁荣注入强劲动力。文件强调，要依靠科技的创新驱动力，引领支撑现代农业建设，其中重点强调了抓好种植业的科技创新。

2013 年，中央一号文件《中共中央国务院关于加快发展现代农业 进一步增强农村发展活力的若干意见》目标为加大强农惠农富农政策力度，着力构建新型农业经营体制。文件首次强调了新型农业经营主体的重要地位，要求构建集约化、专业化、组织化、社会化相结合的新型农业经营体系。这是我国农业迈向现代化的又一标志。文件要求，尊重和保障农户生产经营的主体地位，培育和壮大新型农业生产经营组织，要求我们必须健全农村集体经济组织资金资产资源管理制度，依法保障农民的土地承包经营权、宅基地使用权与集体收益分配权，用 5 年时间基本完成农村土地承包经营权确权登记工作，以及加快推进征地制度改革。

2014 年，中央一号文件《中共中央国务院关于全面深化农村改革加快推进农业现代化的若干意见》提出体制机制改革。由于我国经济社会发展正处在转型期，农村改革发展面临的环境更加复杂、困难挑战繁多。工业化、信息化与城镇化的快速发展对同步推进农业现代化的要求日益紧迫，保障粮食等重要农产品供给与资源环境承载能力的矛盾更为尖锐，经济社会结构深刻变化对创新农村社会管理提出了亟待解决的课题。文件提出，要坚决破除体制机制的弊端，坚持农业基础地位不动摇。同时文件首次强调"完善国家粮食安全保障体系"，对粮食主销区种粮的规定为：加大力度落实"米袋子"省长负责制，进一步明确中央和地方的粮食安全责任与分工，主销区也要确立粮食面积底线、保证一定的口粮自给率。此外，中央文件首次提出了"目标价格"试点的具体方案，突出了市场作用。与以往收购价格相比，目标价格的形成完全是由市场的供给关系决定的，这既发挥了市场机制在资源配置中的决定性作用，同时也明确了政府对农业农村发展所负有的责任范围。

2015 年，中央一号文件《中共中央国务院关于加大改革创新力度　加快农业现代化建设的若干意见》目标是在新常态下加大改革创新力度。我国经济发展已经进入新常态，从高速增长转向中高速增长，如何在经济增速放缓的背景下继续强化农业的基础地位、促进农民持续增收，是必须破解的一个重大课题。2015年的中央一号文件，以"加大改革创新力度加快农业现代化建设"为主题，延续了 2014 年全面深化农村改革、推进农业现代化的思路，并进一步加强，指明了新常态下农村改革的重点和方向。文件突出强调"可持续"，传递发展现代农业的明确信号，即促进农产品供给由注重数量增长向总量平衡、结构优化和质量安全并重转变；促进农业发展由主要依靠资源消耗向资源节约型、环境友好型转变；促进农业生产条件由主要"靠天吃饭"向提高物质技术装备水平转变；促进农业劳动者由传统农民向高素质职业农民转变。

2016 年，中央一号文件《中共中央国务院关于落实发展新理念加快农业现代化 实现全面小康目标的若干意见》提出了供给侧结构性改革。文件开篇指出，"十三五"时期要用发展新理念破解"三农"新难题，厚植农业农村发展优势，加大创新驱动力度，推进农业供给侧结构性改革，加速转变农业发展方式，保持农业稳定发展和农民持续增收，走产出高效、产品安全、资源节约、环境友好的农业现代化道路，到 2020 年，实现全面小康。文件开篇的新词语体现出今年一号文件的"新理念"，如"厚植农业农村发展优势""农业供给侧结构性改革"都是在以往文件中没有出现过的。

2017 年，中央一号文件《中共中央国务院关于深入推进农业供给侧结构性改革 加快培育农业农村发展新动能的若干意见》进一步推进农业供给侧结构性改革。文件旨在从供给侧入手、在体制机制创新上着手，从根本上解决当前最突出的农业结构性、体制性矛盾。文件在优化产品产业结构、推行绿色生产方式、壮大新产业新业态、强化科技创新驱动、补齐农业农村短板、加大农村改革力度等方面进行全面部署，提出建设三区三园一体，大规模实施节水工程、盘活利用闲置宅基地，大力培育新型农业经营主体和服务主体，积极发展生产、供销、信用"三位一体"综合合作等创新举措。

2018 年，中央一号文件《中共中央国务院关于实施乡村振兴战略的意见》提出推进乡村绿色发展，打造人与自然和谐共生发展新格局。在决胜全面建成小康社会的关键时期，文件旨在从全面和长远的角度对乡村振兴进行指导，具有重大意义。文件提出了三个阶段性目标，到 2020 年使乡村振兴取得重要进展，基本形成制度框架和政策体系；到 2035 年乡村振兴取得决定性进展，基本实现农业农村现代化；到 2050 年全面振兴乡村，实现农业强、农村美、农民富。在振兴乡村的战略下要坚持党管农村工作、坚持农业农村优先发展、坚持农民主体地位、坚持乡村全面振兴、坚持城乡融合发展、坚持人与自然和谐共生、坚持因地制宜循序渐进。乡村振兴战略主要从 8 个方面付诸实施，即国家战略规划引领，党内法规保障，领导责任制保障，日益健全的法制保障，一系列重要战略、行动和重大工程支撑，全方位的制度性供给保障，对农民关心的关键小事的部署安排，对解决"钱从哪里来"问题的全面谋划。

5.2.2　浙江省乡村政策文件解析

浙江省乡村政策主要围绕中央对乡村发展的指导意见结合浙江省的情况进行具体的部署和安排，本章节主要围绕浙江省人民政府发布的关于浙江农村建设的实施意见等相关文件进行梳理和说明。

最早于 2008 年，浙江省安吉县就结合省委"千村示范、万村整治"的乡村建设工程，根据县情提出了"中国美丽乡村建设"，计划 10 年左右把安吉县建成为"村村优美、家家创业、处处和谐、人人幸福"的现代化新农村样板。2010年浙江省全面推广安吉经验，把美丽乡村建设升级为省级战略决策。

2014 年中共浙江省委发布了《关于建设美丽浙江创造美好生活的决定》，进行了"两美"浙江的决策部署，为浙江农业工作进一步指明了方向：遵循现代农业的发展规律，提倡资源节约、环境友好的发展模式，将农业经济活动、生态环境建设和绿色消费融为一体，把农业生产经营纳入自然生态体系整体考虑，更加注重产业结构与资源禀赋的结合，生产方式与环境承载的协调，进而实现经济、社会、生态效益有机统一。

2016 年浙江省人民政府发布的《关于加快推进农村一二三产业融合发展的实施意见》提出，要在以五大发展理念为指导，以市场需求为导向，以农业全产业链发展为目标的基础上，着力构建农业与二、三产业交叉融合的现代产业体系，加快形成城乡一体化发展的农村新格局，为"两富""两美"现代化浙江建设和高水平全面建成小康社会夯实基础。其中提到了目标是，到2020年，全省基本建成产业链条完整、功能多样、业态丰富、利益联结紧密、产业融合更加协调的农村产业融合发展新格局。一二三产业融合发展的具体举措有，推动农业全产业链发展，包括严格保护农业资源、大力发展现代生态循环农业、提升发展农产品精深加工业、积极发展农村服务业、积极培育"互联网+"农业；优化农村产业发展环境，包括加强农村基础设施建设、引导农村资源要素流转和鼓励社会资本投入；构筑农村产业融合发展平台，包括深化农业"两区"建设和积极培育农村众创空间；培育壮大农村产业融合主体。包括强化农民合作社和家庭农场的基础作用、发挥龙头企业带动示范作用、提升供销合作社综合服务能力、培育多元社会化服务组织和建立利益联结共享机制；切实加强组织领导和政策保障，包括强化组织保障、加大政策支持、优化金融服务和加强人才培养。

同年浙江省委、省政府印发的《浙江省深化美丽乡村建设行动计划（2016—2020）》为浙江省的美丽乡村建设提供了计划和指导。从三个方面制定了美丽乡村发展战略：第一是从"一处美"迈向"一片美"。近些年浙江省通过联动推进区域路网、管网、林网、河网、垃圾处理网和污水治理网等的一体化建设，在农村区域环境治理和优化上取得了一定成效，收获了丰富的经验，接下来还需要将乡村个别区域的环境整治经验推广到浙江省的乡村整体，从村庄建设、产业定位、社会管理等方面入手，完善各村的基础设施，提升乡村整体环境，让居民从美丽乡村中获益。第二是兼顾"物的美""人的美"。保证乡村物质富裕和精神富有的共同发展，美丽乡村建设的根本就是将社会主义核心价值观贯穿到农村精神文明建设中，在治理污染和打造美丽乡村风景线的同时，要注重培育乡村居民的道德文化，积极发扬社区意识和社区精神，提高群众文明素养，坚持"物的美丽"与"人的美丽"并重。第三是打造"人的新农村"。突出以人为本，围绕民生，秉持"绿水青山就是金山银山"的发展理念，同步推进经济建设和生态建设，保证两者的协调发展，发掘美丽乡村的旅游功能，发展体验经济、文创经济、养生经济、民宿经济等新型业态，同时注重制度创新，深化农村产权制度改革，推进户籍管理制度改革，让美丽乡村建设有制度可循。

2018年4月浙江省人民政府办公厅发布了《浙江省人民政府办公厅关于加快推进农业供给侧结构性改革大力发展粮食产业经济的实施意见》，旨在从供给侧方面推动浙江省粮食产业经济发展，主要围绕浙江省"两个高水平"建设的总体目标和实施乡村振兴战略的总体部署，立足粮食产业发展方式转变，按供给侧结构性改革的指导意见和全产业链建设的要求，以规模化、品牌化、优质化为方向，以先进科技、人才、经营管理为引领，大力培育现代粮食经营主体，推动粮食产业迈上中高端水平，促进农民增收，满足居民对粮食产品的多样化需求。

主要举措为培育壮大粮食产业主体、加快粮食产业转型升级、创新粮食产业发展方式、夯实粮食产业发展基础、完善保障措施。

2018年4月浙江省委、省政府印发了《全面实施乡村振兴战略高水平推进农业农村现代化行动计划（2018—2022）》，以实施乡村振兴战略为主题，突出高水平推进农业农村现代化的目标，将融合发展作为主线，突出以人民为中心的发展思想。基本原则是坚持农业农村优先发展、坚持乡村高质量发展、坚持乡村全面振兴、坚持城乡融合发展、坚持因地制宜特质发展、坚持底线思维和红线意识。文件明确提出实施乡村产业振兴行动、实施新时代美丽乡村建设行动、实施乡村文化兴盛行动、实施自治法治德治"三治结合"提升行动、实施富民惠民行动、全面深化农村改革、加强科技创新与人才培育、加强农村党建引领。综合来看，该文件为浙江省实施乡村振兴战略提供了指导规划，并有"五万工程""五大行动"作为载体，按照产业兴旺、生态宜居、乡风文明、治理有效、生活富裕的总要求，提出全面实施万家新型农业主体提升、万个景区村庄创建、万家文化礼堂引领、万村善治示范、万元农民收入新增等"五万工程"，并对应实施产业振兴、新时代美丽乡村建设、乡村文化兴盛、自治法治德治"三治结合"提升、富民惠民等"五大行动"；此外有全方位的制度性供给为保障，围绕巩固和完善农村基本经营制度、深化农村土地制度改革、深化"三位一体"农合联改革、深化农村金融体制改革、完善市场化多元化生态补偿机制等方面部署了一系列制度建设。

总的来说，随着我国农村社会的发展，农业经济的提升和农民生活质量的上升，我国农村发展战略也在不断变化和转型，从早期的解决温饱问题，到缩小城乡差距，提高农村居民收入，再到推进农村经济现代化建设，实现农村绿色可持续的高质量发展。在中国经济进入新常态的新时代，随着农村经济的提升，当前扶贫攻坚政策的实施，在可预见的将来，农村经济贫困问题将得到解决，农村建设的重点会转化到乡村生态发展的方向上，对此中央一号文件也提出了明确的路径，即将乡村生态优势转化为发展生态经济的优势，提供更多更好的绿色生态产品和服务，促进生态和经济良性循环，打造绿色生态环保的乡村生态产业链。对于浙江来说，浙江省德清县的仙潭村是一个很好的例子。该村原是一座偏僻贫困的山村，但近几年，随着该村发挥当地自然优势，大力发展乡村旅游，在外经商的村民和毕业学生纷纷回乡创业，初步实现了乡村的生态经济发展。当然乡村振兴的背后离不开能源的驱动，农村绿色发展的重点就是资源的合理科学配置和使用，这不仅局限在树木河流等环境资源方面，煤炭、天然气和电力这些能源也是生态发展框架下的重要资源，农村对这些能源的消费结构和利用方式也应当符合绿色可持续的发展方向，所以了解和认知新时代浙江省乡村家庭能源消费状况对改善乡村家庭生活质量，对实现乡村绿色可持续发展有很强的指导意义。

5.3 资源能源禀赋及利用情况

浙江省常规能源资源比较匮乏，是煤、油、气等能源资源小省，化石能源基本依靠外省调入和进口，常规能源资源短缺一直是制约全省经济社会发展的瓶颈。随着浙江省经济的高速发展，能源消费大幅度增长，为了缓解能源供应日趋紧张的困局，大力推动相对丰富的可以在自然界循环再生的可再生能源的开发利用成为近年来浙江能源政策的主要发展方向。最近几年，浙江省依托其在风能、太阳能、生物质能等可再生能源方面的优势，在缓解能源短缺，提高可再生能源占比，优化能源结构等方面已经取得了显著成效。

5.3.1 一次能源

5.3.1.1 煤炭

浙江省煤炭保有储量十分匮乏，经过 50 余年的开采，其可供开采的煤炭资源已经基本枯竭，于 2013 年 8 月彻底退出煤炭生产领域，结束了产煤的历史。目前，浙江省煤炭消费完全依靠外省调入和进口，2015 年全省共调入和进口煤炭 13 799 万吨，相比上年下降 0.3%。其中，从外省调入 12 252 万吨，约占调入和进口总量的 88.8%。

5.3.1.2 石油和天然气

浙江省内目前为止尚未发现具有开采价值的油气资源，油气资源同样全部依靠外省调入和进口。2015 年共调入和进口原油 2909 万吨，相比上年增长 5.3%，其中进口量达 2185 万吨，约占调入和进口总量的 75.1%。

天然气全部依靠外省调入，2015 年调入量为 78 亿立方米，比上年增长 2.0%。液态天然气是未来几年发展的重点，浙江省已将推进天然气管网为覆盖地区 LNG 直供，促进天然气入户扩面纳入《浙江省"十三五"能源发展规划》。随着"煤改气""油改气"的继续推进，预计未来浙江省天然气消费会进一步扩大。

目前浙江省乡村对传统化石能源利用情况主要体现在：从事农业生产时采用插秧机、耕田机、收割机、压榨机等主要用能方式为石油（柴油、汽油）；从事农业运输时一般采用柴油车、汽油机车和机动船舶；在部分山区乡村，受地理条件限制，进行农业灌溉时常采用柴油驱动灌溉设备。根据《浙江统计年鉴

2017》，2016 年浙江省农用柴油使用量达 203 万吨。此外，对全省乡村进行调研，部分炒茶、制瓷等家庭作坊使用传统能源（煤、木炭等）进行生产；在乡村居民烹饪做饭方面仍以罐装天然气为主；仅部分条件较好乡村铺设天然气管道，用于家用燃气灶、热水器等。

5.3.1.3　核能

在安全高效发展核电的战略部署下，浙江省致力于推进以秦山、三门、苍南为重点的沿海核电基地的建设。2015 年浙江省核电装机容量为 657.4 万千瓦，相比上年增长 19.9%，约占全省电力装机容量的 8%，预期到 2020 年全省核电装机将达到 907 万千瓦。核电年发电量 496 亿千瓦时，约占全省总发电量的16.5%。目前，浙江三门核电一期已经建成，三门核电二期和三澳核电一期正在开工建设，三门核电三期正力争开工，象山核电和三澳核电二期的前期工作正在有序进行。海岛核电的前期研究也在加紧进行。浙江省正按照国家建设沿海核电基地的总体部署，采用国际最高安全标准、最先进的核电技术建设核电站，并为全国提供先进核电技术示范。

5.3.1.4　水能

2015 年底浙江水电装机容量为 694 万千瓦（不含抽水蓄能机组），相比上年增长 1.0%，占全省装机容量的 8.4%，年发电量 201 亿千瓦时，比上年增长 14.2%。抽水蓄能电站装机容量 308 万千瓦，与上年持平，年发电量 28.5亿千瓦时，比上年增长 1.4%。按照规划，有序发展抽水蓄能电站是未来浙江省的工作重点，未来浙江省将大力推进海水蓄能关键技术的研发力度，发展海岛多能互补的能源利用模式，优化利用水电，适度开发瓯江流域的大溪和小溪干流、浙闽交界的交溪流域剩余水电资源，科学论证、有序实施农村水电增效扩容改造，到 2020 年，全省水电装机容量将达 700 万千瓦。此外，浙江省小水电开发利用也一直走在全国前列，到 2016 年底，全省小水电站数量将超过3200 座。

小水电主要分布在广大乡村区域。2015 年浙江全省水电装机容量 678.3 万千瓦，年发电量 188 亿千瓦时，开发率 85% 左右，其中小水电总装机容量近 390 万千瓦，年发电量约 96 亿千瓦时，约占小水电装机容量的 57.5%。目前乡村水电开发率较高，可拓展空间逐渐减少，浙江省尚具有一定开发潜力的水能资源主要分布在瓯江流域的大溪和小溪干流，钱塘江流域的衢江和江山港干流，以及浙闽交界的交溪流域等少数流域。

5.3.2　二次能源

5.3.2.1　电能与热力

2015 年底，浙江全省拥有电力总装机容量 8158 万千瓦，相比上年增长 10.1%。淘汰小火电（小油机）30.9 万千瓦，电力结构进一步优化。全省年发电量 3010.84 亿千瓦时，相比上年增加 4.61%（图 5-8）。其中，火电机组发电量为 2261.42 亿千瓦时，占全省发电总量的 75.11%，全年从外省净调入电量 543 亿千瓦时。全年电力供需基本平衡，未出现电源性缺电引起的拉电现象。2015 年浙江省电源结构如图 5-7 所示。

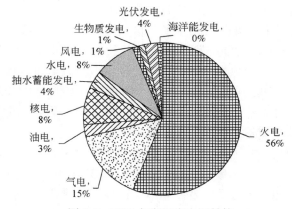

图 5-7　2016 年浙江省电源结构

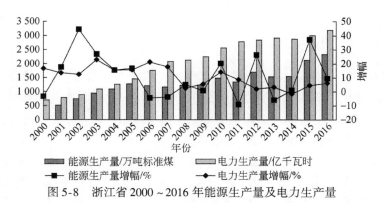

图 5-8　浙江省 2000～2016 年能源生产量及电力生产量

浙江全省供热机组装机容量共 943 万千瓦，约占全省电力总装机容量的 11.6%。热电联产机组年发电量 214 亿千瓦时，比上年降低 0.9%；年集中供热量 3.6 亿吉焦，比上年增长 0.8%。

5.3.2.2 石油制品

2015 年全省加工原油 2847 万吨,比上年增长 4.2%。生产各类成品油及石油制品 3181 万吨,比上年增长 3.0%。

5.3.3 可再生能源

5.3.3.1 风能

浙江省地处东南沿海,是我国风能资源比较丰富的省份之一。到 2015 年底,全省建成投产风力发电装机容量共 104.2 万千瓦,比上年增长 42.7%。近年来,浙江省政府十分重视风能的发展,推进以光伏发电、海上风电为主的可再生能源资源的开发利用,当作缓解浙江省能源供应紧张局势和实现经济社会可持续发展的重要战略举措。《浙江省能源发展"十三五"规划》指出,要提高风电项目的开发质量,积极发展海上风电,推动建成一批示范性海上风电项目,加快实施已纳入全国海上风电方案的项目。"十三五"时期重点建设舟山普陀 6 号二区,嘉兴 1 号、2 号,象山 1 号,玉环 1 号,岱山 2 号、4 号等海上风电项目。到 2020 年时,风电规模要争取达到 300 万千瓦以上。

对于浙江省而言,陆上风能资源主要集中在高山区域,多为偏远山区乡村地带,交通条件差、土地资源紧张,且风能开发成本较高,乡村独立开发困难大,多为国有大中型能源集团公司开发,总体来讲乡村风能资源开发利用率较低,乡村风能资源利用较少。受土地、生态影响等方面制约,未来浙江省陆上风电建设成本将越来越高。

5.3.3.2 太阳能

浙江省属于日照量四类地区,太阳能资源十分丰富,全年日照时数可达 1584 ~ 2010 小时,年太阳辐射能达 1280 千瓦时/米^3,每立方米玻璃真空管太阳能热水器集热面积年可利用太阳辐射能折合标准煤 0.102 吨,太阳能已成为浙江省可再生能源开发利用的一条重要途径。至 2017 年底,浙江全省太阳能发电装机容量 814 万千瓦,比上年增长约 2.4 倍;至 2015 年底,浙江全省累计推广太阳能热水器 1436 万平方米,比上年增长 7.5%。未来,光伏发电仍然是浙江省可再生能源发展的主要对象。《浙江省能源发展"十三五"规划》提出了一系列促进光伏发电发展的举措,包括全面实施百万家庭屋顶光伏工程,鼓励支持企业以屋顶租赁、合作共建等多种方式,大力发展家庭屋顶光伏;按照"市场化运作+财政资金补贴"的方式,助推屋顶光伏扶贫;大力发展工业厂房、公共建筑屋顶光伏，建成一批分布式光伏发电应用示范区；支持各地因地制宜发展"农光互补""渔光互补"的光伏电站等多方面内容。此外，积极推进全省光伏发电并网运行智能化、快捷化、便利化，为加快光伏发展创造良好条件也在该规划中被作为重点提出。到 2020 年"十三五"期末，浙江省预计建成 600 万千瓦的分布式发电和光伏电站，以及 100 万户 300 万千瓦的家庭光伏屋顶。光伏的迅速发展不仅对浙江省优化能源结构，缓解化石能源短缺意义重大，也在促进低碳经济的发展，完成节能减排目标任务，改善生态环境等方面起到了重要作用。

5.3.3.3　农村生物质能

生物质能是农村地区变废为宝的利器，浙江省的生物质能十分丰富，可利用资源不仅数量众多，而且种类丰富，如秸秆、木屑、人畜粪便等均可经过适当处理重新得到有效利用。2015 年浙江省农作物秸秆综合利用率为 89%，预计 2020 年将提升至 95%。

浙江省农作物秸秆资源综合利用现状主要包括秸秆肥料化、秸秆饲料化、秸秆食用菌基料利用、秸秆工业利用、秸秆能源化利用五个方面。浙江省秸秆肥料化利用主要方式有：秸秆整株还田、机械化粉碎还田、堆沤还田、秸秆覆盖等。浙江各地秸秆直接作肥料的比例均在 20% 以上，各地也涌现了秸秆资源化利用的的企业，如杭州正兴牧业有限公司采取"源头控制—综合开发—循环利用"的生态循环农业模式用于集约化养畜，年产 3000 吨有机肥料。浙江省秸秆饲料化利用程度不高。食用菌产业是浙江省农业十大主导产业之一，特别是浙西南地区农业、农村经济发展和农民脱贫致富的主导产业。秸秆作为工业用料符合可持续发展战略方针，为浙江省清洁生产开辟新径，已有一些秸秆建材、包装材料的新技术和新产品出现，但总体规模和市场容量不大。

浙江省秸秆能源化利用的方式主要是秸秆汽化和固化，个别的是秸秆炭化。随着农业生产方式转变和农村劳动力转移，传统的分散养殖比例越来越低，户用沼气发展空间越来越小，新增户用沼气数量明显下降。浙江省通过积极推行村级沼气集中供气，结合农村能源建设，大力推广农村户用沼气，实现农村沼气可持续发展。其中在嘉兴、杭州、湖州、绍兴、宁波、衢州和金华等畜禽养殖集中地区建设规模化畜禽养殖场沼气工程和秸秆沼气工程，合理配套沼气发电机组。在建设条件成熟的情况下，利用城市生活垃圾生产沼气，并提纯制取生物燃气。截至 2018 年，浙江省已在大、中型规模畜禽养殖场建起各类大、中型沼气工程 1148 处，在 10 万多户农民家庭推广"猪沼果"模式的沼气示范工程，可生产沼气 0.65 亿立方米，折合标准煤 4.7 万吨。

在嘉兴、湖州、绍兴、衢州、丽水等秸秆、竹木农林废弃物资源丰富地区，根据生物质能资源分布和总量情况，建设生物质直燃发电厂。同时建成龙泉、绍兴、上虞、江山、安吉、建德、松阳、遂昌等农林生物质发电项目，以及各地城市生活垃圾焚烧发电厂。截至 2015 年，浙江全省生物质燃烧发电总装机容量 82 万千瓦，其中生物质直燃发电装机容量 12 万千瓦，垃圾焚烧发电装机容量 70 万千瓦。

在杭嘉湖粮食生产区，开展秸秆固化成型燃料项目。在交通运输便利的港口地区，建立餐饮废油和地沟油回收体系，以废油为原料生产生物质柴油，建设适当规模的生物质柴油加工企业，建设非粮食燃料乙醇加工企业。开展大型海藻转换成乙醇等生物质能源的关键技术研究、海区大型海藻养殖的研究。

5.4 特色产业描述与分类

根据浙江省乡村所处的地理和人文环境，以及不同类型地区的产业结构与能源需求差异，结合目前浙江省的乡村产业结构和相关人员的研究经验，为了突出项目研究的特点和深度，将浙江省的乡村家庭划分为普通类型、特色旅游类型和特色产业类型，其中第一类没有明显的主导特色产业，即从事的行业为较普遍的农、林、牧、渔业工作，或依靠外出打工维持家庭收入，这类家庭的用能大多为生活用能方式；而第二类以旅游业为主导，一般住宿、餐饮、休闲娱乐设施完善，交通便捷、适合旅游观光和休闲度假，同时对电力需求依赖较高，对供电可靠性要求较高；第三类主要分布于经济基础较好的地区，特点是产业优势和特色明显，生产用电需求占比较大，产业化水平高，公共设施和基础设施一般较为完善。下面将针对特色旅游和特色产业，选取典型行业进行概述。

5.4.1 特色旅游

2017 年，浙江省培育农家乐类休闲旅游特色村 1155 个，特色旅游点 2328 个，农家乐经营户 20 463 户，直接从业人员 16.8 万人，带动就业 45.4 万人，接待游客 3.4 亿人次，全年营业收入 353.8 亿元。至 2017 年，浙江全省已有 120 多家乡村旅游点被评为国家 A 级景区，其中 5A 级景区 1 家；4A 级景区 10 家；创建全国休闲农业与乡村旅游示范县 17 个、示范点 20 个；省级休闲农业与乡村旅游示范县 6 个，示范乡镇 11 个，示范点 28 个；省级休闲观光农业示范园 95 个；全国休闲渔业示范基地 22 家，省级休闲渔业示范基地 103 家；省级休闲渔业精品基地 51 家。已形成了农家乐休闲旅游、乡村观光休闲旅游、古镇古村文化休闲旅游、渔业观光休闲旅游和老年养生养老旅游等多种乡村旅游类型。

其中的典型为浙江省莫干山的高端乡村休闲旅游业。莫干山位于德清县，旺季时民宿价格高达几千元且一房难求。2017 年德清县以民宿经济为龙头的乡村旅游接待游客 658.3 万人次，同比增长 17.9%，实现直接营业收入 22.7 亿元，同比增幅达 36.7%。当地旅游局经调研发现，高端民宿往往较为抢手，而低端民宿生意惨淡。莫干山当地相关官员分析认为莫干山的主要客源以上海、苏州的中产家庭、企业等高端消费人群为主。为了满足主要客流的需求，当地民宿采用高端硬件、完善配套设施及热情服务配合本地山水，实现产业的发展。

此外，当地政府也为莫干山高端休闲旅游的发展提供了助力。政府积极调研，认为莫干山应打造休闲度假产业品牌，在产业发展初期为其引导资源。2014年初，德清县政府颁布了《德清县民宿管理办法（试行）》，首次对处于快速壮大期的民宿出台了地方管理规则，对民宿的建筑标准、消防设施、卫生环保等多个领域进行了详细规定。规范了大量民宿主体，积极维护了市场秩序。当地还成立了民宿行业协会，自主构建民宿学校，为行业发展培养人才。

同时"渔家乐"也是浙江典型的乡村特色旅游业，各渔村根据自身禀赋，开发出了不同的发展方向：三特渔村主攻疗休养，以海水温泉、有机生态观光、海上休闲游为卖点；莲花村有渔村文化展示中心、渔村艺术轴、工业观光轴等文化景点；坪南村投资建设海洋乐园吸引年轻游客。

部分渔村在当地政策引导下转型以第三产业作为主要收入来源。以桐庐县为例，2018 年 3 月，桐庐县政府发布《关于实施禁渔区、禁渔期制度的通告》，规定自 4 月 1 日起，桐庐县分水江水域及 112 条县、乡级河道天然水域实施为期 5年的全面禁渔制度，以全面治理违法捕鱼等破坏生态环境的行为。当地政府一面治理环境，一面发展乡村旅游以弥补禁渔带来的经济损失，通过改造村落环境，以"池塘+民宿""池塘+观光采摘"等要素结合的农村旅游体以及政府引导打造景区等方式吸引客源。2017 年，全县乡村旅游、民宿经济等蓬勃发展，新增 3A景区村庄 10 个，乡村旅游收入增长 32.2%。

在古文化旅游价值开发上，依托历史传统和特色资源，浙江农村还大力发展传统文化和旅游业相结合的模式，结合古村落保护利用，充分挖掘古村落的历史文化内涵，并与旅游相结合，在促进古村落生态保护的同时，也带动村民增收，形成古村落保护与产业发展、生态环境保护与村民增收的良性互动。目前，浙江已有 200 多个古村落采取这种产业发展模式。

5.4.2 特色产业

浙江省的特色产业主要有炒茶、海产养殖、果蔬食品加工、农业大棚、珍珠加工、陶瓷、皮革和电子商务物流仓储等，下面选取较为典型的产业进行描述。

5.4.2.1 炒茶

面对全国茶叶消费增长趋势放缓、高档礼品茶持续走弱的大环境，以及省内的产量不断增长带来的库存压力，浙江省积极发展茶叶深加工产业，茶食、茶叶成分提取等行业相继发展。

水口乡的村民积极发展茶食，将茶叶加入到食品中，推出了紫笋茶茶饼、百合酥、红曲银杏茶等产品，将经营茶叶由单一售卖茶叶扩大为效益更大的深加工，并积极将茶食与旅游文化结合，提高了茶叶的附加值。

茶叶有效功能性成分提取物的开发也得到了较快的发展，其中茶多酚既可用作食品添加剂，也可作为食品和动植物油脂的抗氧化剂。茶叶中含有的咖啡因、茶氨酸、茶皂素、茶色素、茶多糖等成分也可广泛用于医药和食品行业。浙江省积极推进茶叶成分提取行业的发展，既在大学内推广学习茶文化，也鼓励科研人员积极研究茶叶成分的作用，令许多因茶叶滞销而苦恼的茶商成功与医药公司等签订合同，解决了茶叶的销路也获得了比销售茶叶更高的收入。

5.4.2.2 果蔬食品加工

浙江省台州市由于气候原因，盛产柑橘。在多年的发展中，台州不少企业开始生产柑橘罐头。但由于柑橘罐头相对柑橘的附加值提高不大，受柑橘价格影响较大，且由于柑橘的成熟期有限，工厂无法保证工人的长期稳定工作导致了工人的流失，柑橘罐头的发展受到了限制。除加工为罐头类食品外，果农、相关厂商积极寻找其他深加工路线，发展了果汁、果干、果粉、果酒、药物加工、提炼加工等方向。试图通过深度加工提高农产品的附加值及拓展水果类产品的食用时限。

目前，台州市积极发展冷冻果蔬，并出口至国外；仙居县积极研发杨梅汁、杨梅酒、青花素产品以及杨梅果冻、杨梅果酱等产品；余姚市梁弄镇村民自主研发蓝莓酒酿造技术等。

5.4.2.3 农业大棚与物流仓储

在"互联网+"等政策的影响下，浙江省在农业发展上，积极尝试提高生产精细化、自动化、智能化，对花卉、水果、中药材等经济作物种植的温室大棚实现智能化监测和远程控制。仅在运用互联网帮助销售方面，2016年，浙江省农产品网络零售396.19亿元，同比增长30.3%，位居全国首位。在阿里巴巴发布的《2016年中国淘宝村名单》中浙江省共有506个"淘宝村"[①] 入围，同比增长80.7%，全省"淘宝村"销售总额超过310亿元，村均销售额6000万元，直接带动就业20万人。此外，浙江省农业部门引导各地构建农业物联网测控体系，实施水肥一体化、智能节水灌溉、农作物病虫害监测预警、温室智能化监控、自

---

① 淘宝村指活跃网店数量达到当地家庭户数10%以上，且电子商务年交易额达到1000万以上的村庄。

动化数据采集系统等精准化作业。

5.4.2.4 陶瓷

龙泉市是我国著名的青瓷之都，位于龙泉市的上垟镇、小梅镇等多年来以从事青瓷生产为主。近年来，各镇不断给予政策支持，同时采取青瓷产业"互联网＋"等方式，使当地青瓷产业得到了迅速发展。

由于青瓷制作中，烤花工艺复杂，用煤气烧制不易控制火候，上垟镇当地供电公司结合龙泉青瓷的产业需求，及时推进了青瓷行业煤改电，以清洁能源助力青瓷产业发展，用电后，由于温度稳定均匀可调节，青瓷品质得到了提升。

小梅镇当地政府把青瓷文化产业确定为小梅镇的重点支柱产业，全面组织全村拆除违章搭建的民房，完成拆改 9.65 万平方米，整治村庄 2.1 平方千米，建成了瓯瓷学院进行青瓷教学以及一个拥有陈景炜大师、章长才大师等 18 间文创工作室的瓯窑小镇起步区，使瓯窑文化得到传承，青瓷产业获得更好的发展。

5.4.3 特色产业分类

根据浙江省的特色旅游和特色产业，结合研究的主要对象，为了便于分析和考察浙江省特色产业的生产用能情况，并进行对比，对乡村特色进行如下分类和定义，具体见表 5-1。

表 5-1 浙江乡村特色产业分类和定义

一级类别	划分依据	二级分类	定义及特点
普通家庭	自然环境特征	海岛	四面环水，居民以渔业生产为主要收入来源
		山区	位于多山地区，交通不便，主要从事简单的林业和畜牧业活动
		其他	位于丘陵和平原，主要从事种植业或外出打工
	相对经济发展水平	相对发达	所在地区居民人均收入位于全省前 30%
		相对一般	所在地区居民人均收入位于全省中间 40%
		相对欠发达	所在地区居民人均收入位于全省后 30%
特色旅游	经营范围	民宿	利用自有住宅，为游客提供住宿场所和服务
		餐饮	利用自有厨房和厨具，加工食材，为游客提供餐食
		民宿加餐饮	同时提供餐饮和住宿服务
		非营业家庭	特色旅游乡村中不提供民宿和餐饮服务的家庭

一级类别	划分依据	二级分类	定义及特点
特色产业	农产品种植与加工	炒茶	对茶叶进行加工,一般位于茶叶种植区附近
		海产养殖	利用沿海的浅海滩涂养殖海洋水生动植物
		果蔬食品加工	以农业种植品为主要原料进行加工
		农业大棚	构筑具有控制透光、温度和湿度等环境的室内设施用以栽培植物
		珍珠加工	对珍珠产品进行筛选、打磨和设计等
	手工业	陶瓷	对黏土等无机非金属矿物原料进行混炼和煅烧,制成陶瓷
		皮革	将自然和人工皮质原料加工得到皮革制品
		物流仓储	利用自建或租赁库房场地,对电子商务货物进行储存、保管、装卸以及搬运等活动
		其他	家庭作坊形式的小家电生产和五金产品生产等

5.5 本章小结

本章利用已有的公共信息,对浙江省的农业、人口、居民收入与支出等基本情况方面进行总结,对国家和浙江省历年的乡村政策进行梳理和解读,分析了浙江省乡村的一次能源、二次能源、可再生能源的禀赋和利用情况,并对浙江省乡村特色旅游及产业两方面的发展进行描述与分类。

浙江省积极响应国家对农业发展的规划,在省内推动农业结构的优化,鼓励乡村经济增长,发展生态农业。

在人口方面,浙江省城镇化率高于全国平均水平,农村男女比例合理,男性劳动者略多于女性,多从事第二产业;教育程度以小学和初中毕业的人口居多。

在居民收支方面,浙江省乡村收支均领先全国平均水平,日常开销以食品和住宿为主。

在能源消费方面,由于浙江省内化石能源资源稀少,浙江省在进口化石能源时,大力建设核能、水能项目;因预计风电成本将逐步上升,浙江将新能源的发展主力都在太阳能和农村生物质能等可再生能源上;目前省内电力仍以火电机组发电为主。

在乡村产业方面,浙江省各乡村根据自身文化和地理特点,发展了民宿、餐饮等绿色经济,以及农产品种植与加工及手工业的特色产业。

总的来说，浙江省乡村经济发展水平较高，随着乡村振兴战略的开展，浙江乡村建设的重点已逐步转化到乡村生态发展的方向上，这就要求乡村能源建设向更清洁、更高效的能源结构转型，为乡村的生态文明建设提供动力与保障。目前浙江省依托其在太阳能和生物质能等可再生能源方面的优势，在优化能源结构等方面已经取得了一定成效，未来随着乡村特色产业的建设与发展，乡村能源需求总量将逐渐提高，乡村能源结构也会向电力和清洁能源的方向发展。为了优化浙江省乡村能源消费品质，对其乡村家庭能源消费特征的探索显露出必要性。

第6章 乡村家庭能源消费特征分析

通过第5章的分析可以发现，浙江省乡村居民人均收入较高，特色产业发展势头良好，能源消费结构较为清洁化，但与2018年中央一号文件提出的乡村振兴目标仍存在一定差距。实现乡村振兴，既要求在现有基础上进一步提高乡村居民收入，推动乡村现代化发展，也要求改善乡村能源消费品质，建设绿色乡村。因此，探究浙江乡村家庭能源消费特征是十分必要的，有助于政府及相关企业了解和把握目前乡村能源消费的基本事实。

本章主要分为四个部分，第一部分主要以现有的宏观统计数据为基础，展现总体的乡村能源消费总体特征；第二部分则更进一步，利用调研数据，结合相关经济理论，对乡村家庭能源消费进行对比分析；第三部分着重考察乡村特色产业的用能情况；第四部分则着重研究乡村家庭用能的时空特征。

6.1 家庭能源消费总体特征

6.1.1 消费水平

从总量上来看，浙江省居民部门的能源消费量在过去几年平稳增长（图6-1），全省乡村能源消费总量从2008年的377.38万吨标准煤增至2016年的664.89万吨标准煤。与此同时，浙江省乡村能源消费总量占全国乡村能源消费量的比例却在近几年有所下降，已从2012年的5.8%降至2016年的5.0%。

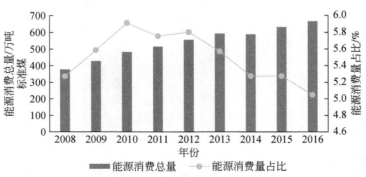

图6-1 浙江省乡村家庭能源消费情况（2008~2016年）

浙江省在 2006 年初启动新农村建设，电力部门联合省经信委以及省农办实施新农村电气化工程，以电气化促进现代化。在电气化工程的推动下，浙江省乡村电力消费增长基本与城镇保持同步，2009～2016 年，乡村电力消费总量由131.3 亿千瓦时增至 239 亿千瓦时，城镇居民用电量从 149.2 亿千瓦时增加至277.6 亿千瓦时，年均增长率均在 9% 左右，因此，乡村居民家庭电力消费在总居民电力消费中的比例也较为稳定，一直处于 46%～47%（图 6-2）。

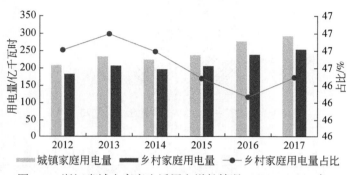

图 6-2　浙江省城乡家庭生活用电增长情况（2009～2017 年）

总体来说，浙江省在全国乡村能源消费方面占有较大比例，城乡电力消费发展较为均衡，这与浙江省的经济发展水平是密不可分的。随着居民收入水平的不断提高，居民生活部门的能源消费在总能源消费中将具有更重要的地位。

6.1.2　消费结构

从能源消费的品种构成上来看，图 6-3 反映了 2016 年浙江省乡村家庭生活用能结构情况。电力和汽油为浙江乡村家庭最主要的用能来源，其中电能是最主要的能源消费种类，占总能源消费的 59% 左右，领先于全国水平。这里要说明的是，根据调研数据核算的电能消费占比也接近 60%，但由于我们的调研不包含交通用能，因此，汽油用量较少，这将导致我们低估电力消费比例。但同时，调研数据覆盖面较之于统计年鉴更为全面，统计年鉴并未覆盖家庭对于薪柴、木炭、太阳能等非市场化能源的消费，这又将导致我们低估电力消费的比例。两者口径不同，各有优势，应持互补性态度对待。

由图 6-4 可知，天然气、煤气和瓶装液化气一直是最重要的炊事能源，这与北方农村地区有显著差异。其原因有三：第一，随着浙江省乡村经济的快速发展，不清洁的煤炭、薪柴正逐渐被更清洁的天然气、瓶装液化气等替代；第二，浙江省煤炭储量十分匮乏，经过 50 余年的开采，其可供开采的煤炭资源已经枯竭，并于 2013 年彻底退出煤炭生产领域；第三，近年来浙江省政府大力支持天然气的发展,"煤改气""油改气"政策的持续推进也是天然气占比逐渐提高的重要原因。2013~2016年,天然气、煤气和瓶装液化气在浙江农村家庭炊事能源的占比从2013年的67.1%升至2016年的87.6%,增长了20.5个百分点。

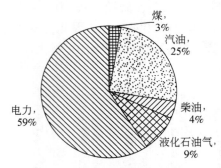

图6-3　浙江省乡村家庭能源消费结构（2016年）

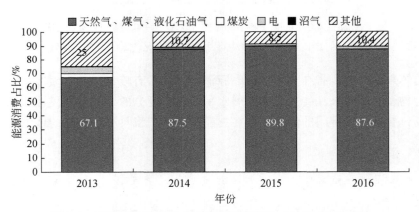

图6-4　浙江省乡村家庭主要炊事能源占比（2013~2016年）

6.1.3　能源消费支出

在家庭能源消费支出方面,浙江农村居民人均水电及燃料支出从2007年的255元增长至2016年的630元,年平均增长率为10.57%。此外,浙江省农村居民水电等能源支出占人均可支配收入的比例稳定在3%,在最近三年有逐渐降低的趋势,这表明浙江乡村家庭能源负担较小。通常来说,每户居民每年花在电、气、热等能源上的费用占当年家庭收入的4%~6%属于"能源负担",在6%~10%属于"能源焦虑",高于10%属于"能源贫困"。因而,可以认为浙江乡村现阶段不存在能源贫困的担忧（图6-5）。

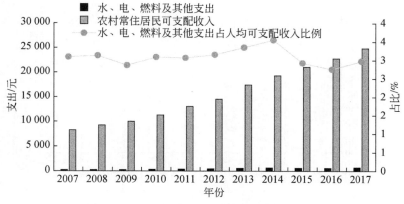

图 6-5　浙江省乡村家庭人均水电及燃料支出

6.2　家庭生活用能差异化特征

本节将使用家庭能源调查微观数据对浙江省乡村家庭的能源、电力消费不平等程度以及不同收入、不同地形下的生活用能差异进行分析。在这里，首先提出一个相关的能源消费理论：在比较家庭能源消费总量时，若用能需求不变，由低效能源向高效能源的转变必然会导致总能源消费量的减少，原因在于高效能源的转化率较高，而对低效能源的消费中则只有更小的部分转化为有效能源，这是比较不同收入群体能源消费总量的理论基础。

6.2.1　乡村家庭能源消费不平等情况

本节将结合家庭能源消费总量和电力消费量进行能源消费不平等分析。仿照洛伦兹曲线的作图方式，将这些家庭按照能源消费总量和年用电量从低到高排序，分别计算样本家庭的能源消费总量和电力消费量的累积占比，得到图 6-6 和图 6-7。

图中实线为样本家庭的累积收入百分比，虚线为对角线，代表能源消费和电力消费的绝对平等。以 20% 作为划分标准，由图可知，浙江乡村家庭样本中能源消费水平与用电量最低的 20% 家庭，总能源消费量和总用电量占比均为 6%；总能源消费量和用电量处于中等偏下的家庭，能源消费占比和用电量比例分别为11% 和 13%；能源消费水平和用电水平中等的家庭，能源消费比例与用电量比例分别为 17% 和 18%；能源消费水平和用电水平中等偏上的家庭，能源消费比例为 25%，年用电量比例为 24%；能源消费水平最高的 20% 家庭，总能源消费量

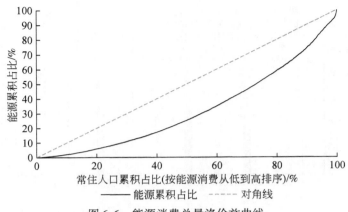

图 6-6　能源消费总量洛伦兹曲线

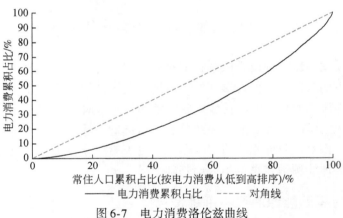

图 6-7　电力消费洛伦兹曲线

达到了 40%，用电水平最高的 20% 的家庭，用电量达到样本总用电量的 39%。根据能源消费洛伦兹曲线和电力消费洛伦兹曲线，计算出能源消费基尼系数和电力消费基尼系数为 0.356 和 0.322，均介于 0.2 和 0.4 之间，可以认为浙江乡村家庭能源消费和电力消费均不存在严重的不平等情况。但相比之下，电力消费的不平等程度要弱于能源消费总量的不平等程度，这主要是由薪柴和木炭消费的极端不平等造成的。

6.2.2　乡村家庭能源消费收入差异化特征

接着考虑不同收入群体在不同能源消费品种上的差异，为了使统计描述更简洁更直观，根据能源之间的替代程度和用途，将瓶装液化气、管道煤气和管道天然气的消费量合并，记为燃气消费量，并将煤炭消费量和木炭消费量合并起来，简记为煤炭消费量，之后对能源消费总量、电力消费量、燃气消费量、煤炭消费量和薪柴消费量分别计算不同收入水平下常住人口的人均消费量，为了更好地反映能源消费的变化趋势，对其进行了移动平均处理，最终绘制出图6-8。

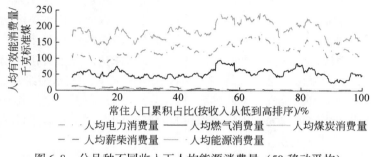

图6-8　分品种不同收入下人均能源消费量（50移动平均）

从能源消费总量来看，其移动平均曲线显示出能源消费总量存在倒 U 型特征。接下来试图通过对分能源品种的消费量分析来解释能源消费总量的变化。先来看煤炭和薪柴消费量，总体上来说，无论是低收入群体还是高收入群体，对于煤炭和薪柴的消费量都较少，即使是消费最多的低收入群体，人均年消耗量也未超过 50 千克标准煤，且当收入增长到中等偏下的水平时，消费量基本为 0，因此，对于煤炭和薪柴的消费变化并不是造成总量波动的主要原因。其次来看燃气消费量，整体上，该种能源消费量在总能源消费中占有一定比例，且随着收入增长有一定的先上升后下降趋势，中等收入群体的燃气消费量最高，然而，当步入较高收入群体时，对于燃气的消费量开始出现下降，这对于高收入群体用能总量下降的现象具有一定的解释力。最后来看电力消费，随着收入的增加，从低收入群体到较高收入群体的过渡过程中电力消费量稳定增加，但当收入进一步提高，达到高收入水平时，电力消费量则是出现了小幅度的下降，导致其电力消费量与中等收入群体的电力消费量相当。总的来说，高收入群体电力消费的逆转式减少以及燃气消费的倒 U 型模式，共同导致了浙江省乡村人均能源消费总量的变化特征。

以上述不同品种能源用能量的分析为基础，可以对该现象背后的经济逻辑作出猜测：在浙江省乡村当前收入水平下，从低收入过渡到较低收入水平时，用能需求的提高和用能品质的提升同时存在，增量主体为电力消费，减量主体为薪柴和煤炭消费，这可能是移民搬迁等客观因素倒逼的，也可能是居民的自主选择，但由于电力消费的增加略大于薪柴和煤炭消费的下降，因此导致了能源消费总量小幅度上升。从较低收入水平过渡到中等收入水平时，居民对于环境适宜度等的要求也相应变高，从而产生了更高的能源需求，同时，对于炊事设备的清洁性要求提高，从而开始大量使用燃气，以此来替代对于薪柴的消费，因此，在这个阶段，居民能源消费总量变化最为显著。当跨过中等收入水平后，能源品质得到大幅度改善，能源需求也趋于饱和，因此，电力消费增速变缓。最高收入群体家庭电力消费的大幅下降是一个有趣的现象，根据经典需求理论，相比其他群体，最高收入群体对于能源的需求和能源品质的要求更高，因此，该群体电力消费的减少很可能是空间转移造成的，换句话说，该群体的能源消费会更多地产生于商业场所。例如，该群体可能会更加频繁地外出用餐和住宿。为了验证该猜想，计算人均收入与家庭全年做饭总时长的相关系数，结果显示，该相关系数在5%的显著性水平下为负，也就是说，空间转移是实际存在的。综上所述，由于不同收入阶段能源品质和能源需求的作用以及居民自身行为的不同，导致了收入与用能总量之间显示出倒 U 型关系。

6.2.3 乡村家庭能源消费地形差异化特征

浙江省地形丰富，有山地、平原、沿海、海岛，为了观察不同地形条件下居民的能源消费差异，将样本分为四组：内陆平原组（杭州、嘉兴、湖州除安吉以外的地区）、山地组（金华、衢州、丽水、温州除洞头以外的地区、湖州安吉）、沿海组（台州、宁波、舟山除嵊泗之外的地区）、海岛组（嵊泗、洞头），计算各组的能源消费结构如表6-1所示。

表 6-1　不同地下条件下的居民能源消费结构　　　　　单位：%

分组	能源类型								
	煤	液化石油气	管道天然气	管道煤气	薪柴	电力	太阳能	木炭	加总
山地	0.0	7.1	13.6	0.3	11.9	53.4	2.2	11.7	100
内陆平原	0.1	14.8	16.7	0.4	7.0	59.8	1.1	0.0	100
沿海	0.2	16.8	19.4	0.6	7.0	55.0	0.0	1.0	100
海岛	0.0	13.6	11.7	0.5	12.0	60.4	1.6	0.2	100

由表6-1可知，山区和海岛的薪柴消费比重显著高于内陆平原区和沿海地区，尤其是山区，其木炭消费占比达到11.7%，远远高于其他类别，原因可能在于山区和海岛植被茂密丰富，居民利用薪柴和木炭的便利性程度较高。从电力消费来看，海岛和内陆平原仍然是占比最高的地区，在60%左右，而山区和沿海则略低，在54%左右。从管道天然气来看，内陆平原及沿海地区的消费比例明显高于山区和海岛，其原因很可能是海岛和山区铺设管道的难度大，而且使用的

居民较少。整体上来说，地形限制带来的资源禀赋差异及基础设施建设差异也是造成不同地区能源消费结构差异的一个重要原因。

6.3 家庭生产用能差异化特征

在所有有效问卷中从事特色产业的家庭共计263家，其中从事炒茶的有54家，从事海产养殖的有51家，从事家庭手工业的有58家，从事作物种植的有50家，从事物流仓储的有50家。这些特色产业在生产过程中消耗的能源有所不同，而且能源消耗的比例也不尽相同。为更好地了解每一种特色产业的用能特征，我们分别测算了各个家庭特色产业所消耗的能源情况（不包括生活用能）。

从事炒茶的家庭在生产过程中会消耗柴油、电力和汽油，从调研的54户炒茶家庭来看，一年内炒茶时长大约3个月，平均每户对电力的年消耗量为1.14吨标准煤，约占总能耗的91%，对柴油的年消耗量为0.12吨标准煤，约占总能耗的9%，对汽油的消耗可以忽略不计（图6-9）。从事海产养殖的家庭消耗柴油和电力，从调研的51户海产养殖家庭来看，一年内从事进行海产养殖活动的平均时长在6个月左右，平均每户对电力的年消耗量为3.45吨标准煤，约占总能耗的75%，对柴油的年消耗量为1.18吨标准煤，约占总能耗的25%（图6-10）。从事家庭手工业的家庭在生产过程中会消耗柴油和电力两种能源，从调研的58户从事家庭手工业的家庭来看，一年内从事进行生产活动的平均时长在8个月左右，平均每户对电力的年消耗量为2.91吨标准煤，约占总能耗的83%，对柴油的年消耗量为0.60吨标准煤，约占总能耗的17%（图6-11）。从事作物种植的家庭在生产过程中会消耗柴油、汽油、电力、煤炭和薪柴，是特色产业中消耗能源最丰富的产业。其对柴油的消耗约占所有能源消耗的88%，年消耗量2.57吨标煤，对薪柴的消耗约占9%，年消耗0.27吨标准煤，是调查产业中唯一消耗薪柴的特色产业。其对汽油和电力的消耗分别占所有能源消耗的2%和1%（图6-12）。

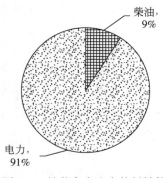

图6-9 炒茶家庭生产能耗结构

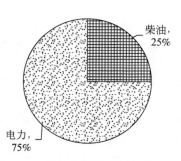

图6-10 海产养殖家庭生产能耗结构

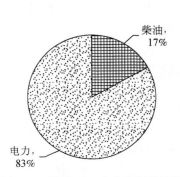

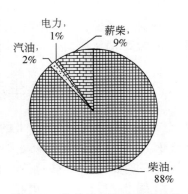

图 6-11　家庭手工业生产能耗结构　　　　图 6-12　作物种植生产能耗结构

　　从事物流仓储的家庭在生产过程中的能源消耗主要分为两部分：一是生产设备的能源消耗，二是运输设备的能源消耗。生产设备的能源消耗包括对电力和地热能的消耗，但主要是对电力的消耗，2017 年户均消耗 1.36 吨标准煤，约占所有能源消耗的 87%（图 6-13）。运输设备的能源消耗包括柴油、汽油和电力，消耗最多的是汽油，2017 年 93 号汽油（京标 92 号）和 97 号汽油（京标 95 号）的合计消耗量高达 9.4 吨标准煤，约占总能耗的 92%，2017 年共计消耗柴油 0.65 吨标准煤，约占总能耗的 6%，对电力的消耗仅占总能耗的 2%（图 6-14）。

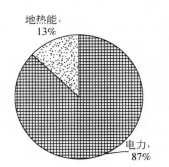

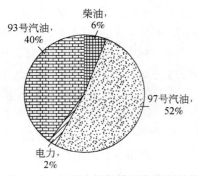

图 6-13　物流仓储生产设备能耗结构　　　图 6-14　物流仓储运输设备能耗结构

6.4　家庭电力消费时空特征

　　根据调查所得各户的电表编号，从电力营销系统中调取 2017 年 1 月 1 日至 12 月 31 日乡村居民分峰谷的日用电量数据，在所有乡村样本中，共提取出 646 个家庭的有效数据，其余无法在系统内查询到的家庭主要是租户，租户使用的表并非国家电网所规定的统一电表，因此，其用电量无法调取。

　　由图 6-15 可知，典型家庭在具有代表性的一周内，周日用电量最高，为

5.76 千瓦时，周六次之，为 5.57 千瓦时，均高于一周至周五平均每天用电量的 5.53 千瓦时，而且周三、周四用电量最少。这是显而易见的，周六日为休息日，家庭成员在家中的时间变长，对炊事、制冷、取暖等需求较工作日更高，因此，用电量也相应更高。从图 6-16 可知，具有明显的季节性特征，7-8 月份日用电量最多，其次是 12 月和 1 月，4 月、5 月、6 月以及 10 月和 11 月日均用电量最低。每月用电量均值为 169.46 千瓦时，仅 7 月和 8 月在均值以上，12 月和 1 月用电量基本与均值持平，其余月份均明显小于均值。由图 6-17 可知，第三季度是用电量高峰季，占全年总用电量的 41% 左右，第二季度用电量最少，占比不足 18%。全年季度平均用电为 507.72 千瓦时，仅第三季度用电量在平均值以上，其余季度均显著低于均值。除此之外，图 6-18 刻画了乡村家庭电力消费的春节效应及元宵节效应，2017 年 1 月 28 日为正月初一，2 月 11 日为元宵节，正月初一前后是 1 月 5 日至 2 月 20 日的用电量低谷，而元宵节前后则形成了高峰，结合图 6-19 中正月初一前后用电量的分布情况，发现正月初一到初三居民每天的电力消费集中在 4 千瓦时左右，相比于腊月廿八到除夕和正月初四到初六这前后两段时间，初一这段时期平均每天少用 1 千瓦时，并且用电量相对集中，而廿八到除夕和初四到初六之间的日用电量分布差异不明显。

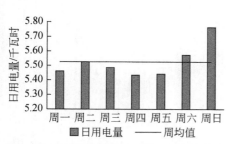

图 6-15　典型家庭周一至周日电力消费量

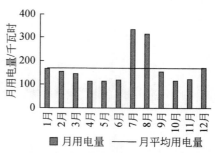

图 6-16　典型家庭 1 月至 12 月电力消费

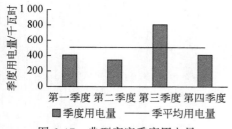

图 6-17　典型家庭季度用电量

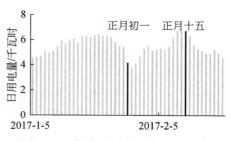

图 6-18　典型家庭 2017 年 1 月 5 日
至 2 月 20 日用电量

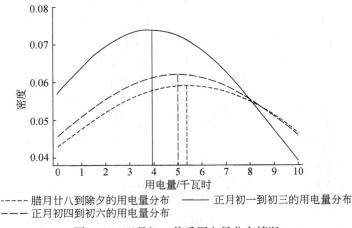

图 6-19　正月初一前后用电量分布情况

- - - - - - 腊月廿八到除夕的用电量分布　　——— 正月初一到初三的用电量分布
- – - – 正月初四到初六的用电量分布

　　从峰谷结构来看，全年峰谷电量比例相对稳定，谷电比例分布在 30% ~ 50%，但可以看出的是在夏季用电量陡增时，谷电消费比例也出现上升，原因在于夏季居民的家庭制冷需求主要出现在夜间（图6-20）。

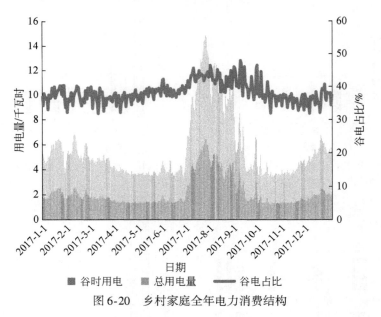

■ 谷时用电　■ 总用电量　—— 谷电占比

图 6-20　乡村家庭全年电力消费结构

　　从乡村家庭人均电力消费的空间分布来看，可以发现，人均电力消费较高的县位于浙江省中部和南部地区，北部地区电力消费量较少，且电力消费与年平均温度存在明显的正相关关系，温度越高的地区年电力消费量越大，原因可能在于浙江省维度较低，相比于取暖，制冷需求占主导地位，因此，温度更高的地区有更高的制冷需求。

6.5　本 章 小 结

通过对浙江省乡村家庭能源消费特征的多角度分析，可以发现：浙江省乡村人均能源消费大约是全国平均水平的 1.5 倍，但其能源消费支出占可支配收入的比例稳定在 3% 左右，不存在明显的能源负担问题，这从侧面说明在浙江省乡村实施电气化具有经济上的可行性。从浙江省乡村居民生活不平等程度的不同方面来看，样本家庭的能源消费基尼系数以及电力消费基尼系数分别为 0.356 和 0.322，能源消费不平等程度大于电力消费不平等程度。通过分析不同收入水平下的家庭人均能源消费量，可以发现，总能源消费量与人均收入之间存在倒 U 型关系，高收入群体的总能源消费反倒会出现下降，背后的原因在于能源消费地点的空间转移，且收入的提高将会明显改善居民的用能质量，随着收入的增长，电力在居民家庭用能中的比例会持续上升。

通过对特色产业的用能水平及结构分析可以发现，柴油及电力是特色产业的主要使用能源，炒茶行业主要使用电力，占比达到 91%；海产养殖使业使用的电力比例达到 75%，柴油达到 25%、家庭手工业对电力的使用达 83%；作物种植业则以柴油为主，对柴油的消耗占到总能耗的 88%；物流仓储业中生产设备的主要能源为电力，消费占比达 87%，运输设备则主要消耗汽油，其能耗的 92% 均来自于汽油。

居民用电量存在显著的时空特征：典型周内平均每天用电量为 5.53 千瓦时，周六与周日用电量显著高于工作日，占比达到周总用电量的 29%；平均每月用电量为 169.46 千瓦时，七八月份为每年的用电高峰，占比达到全年用电量的 32%，其次是 12 月份和 1 月份；平均每个季度用电量为 507.72 千瓦时，第三季度为主要电力消费季，占全年总用电量的 41% 左右。从波动性分析来看，冬夏用电水平高，波动性大，春秋用电水平低，波动性小。因此，可以考虑在电价体系中引入季节性电价，以更好地实现需求侧调峰；另一方面，由于用电量与气温显著相关，所以，可以利用气温辅助短期负荷预测。

本章的特征分析形成了对乡村家庭能源消费的画像，有助于相关决策者把握基本事实，但透过现象洞察本质才是我们的真正意图，接下来，本书将通过影响因素分析，对乡村家庭能源消费中出现的一系列现象进行解释。

第 7 章 乡村家庭能源消费影响因素分析

通过第 6 章对浙江省不同收入群体、不同产业类型乡村家庭能源消费特征的分析，我们发现浙江省乡村家庭在能源消费上存在共性和差异，为了进一步探寻背后的规律，本章将深入围绕乡村家庭能源消费的影响因素进行分析。第一节讨论经典的乡村家庭能源消费理论，根据理论初步提取出影响因素。第二节将根据实际调研的数据结合计量分析方法，将家庭各类能源的年消费量作为被解释变量，构建出乡村家庭能源消费模型，对结果进行讨论，分析背后的实际意义，之后采用主成分分析的方法，对影响因素进行归类，讨论各类特征对能源消费的解释力度。第三节根据乡村家庭的每日用电量数据，结合 2017 年各县的气温数据，研究日均气温对家庭日用电量的影响，并采用滤波分析的方法，剥离出趋势项和波动项，更直观地描述家庭用电量的走势，接着采用计量分析方法，定量估计出气温对电力消费的影响程度，并讨论不同月份和星期的用电量差异。第四节对本章的研究结论进行总结。

7.1 文 献 综 述

本节将主要讨论乡村家庭能源消费理论，了解乡村家庭能源消费转型背后的经济理论，之后根据理论和相关研究提取出关键的解释变量，讨论其可能的影响机制，最后介绍本章将采用的计量分析方法和统计分析方法。

能源阶梯理论主要用于解释发展中国家的家庭能源消费行为，其内容是指随着家庭收入水平的增长，家庭能源消费结构会发生转型，从薪柴秸秆等传统生物质能源转型到煤炭和石油等化石能源，之后向电力和天然气等现代清洁能源转型。能源阶梯理论本质是对消费者选择理论中收入效应的延伸，随着收入增长，消费者越倾向于用普通商品替代劣等品，用贵重品替代必需品。当然任何一个理论的推演背后都有相应的假设作为基础，能源阶梯消费理论的假设就是家庭的能源消费选择可以按照能源产品的技术复杂程度进行排序并且反映在家庭的能源消费偏好中。这一假设的意思就是指在收入水平允许的情况下，家庭愿意用电力替代煤炭，而不是继续使用煤炭。尽管能源消费阶梯理论的偏好假设仍未得到充分的证明，还需要更多的数据和实证研究去验证，但许多研究表明收入水平确实是影响家庭能源结构转型的重要因素。

随着 Masera 等（2000）更多学者对能源消费阶梯理论进行研究与讨论，认为原始的家庭能源阶梯理论不能充分地描述家庭能源消费的动态特征。更多研究发现（Kowsari and Zerriffi，2011；van der kroon et al.，2014），在大多数发展中国家中，不论城镇家庭还是乡村家庭其能源消费可能是以一组能源品的消费为主，且消费的一组能源品不仅仅限于同一能源阶梯下的产品，往往是现代能源和传统能源相结合的这种不同能源阶梯之间的能源产品消费组合。这主要是因为现代清洁能源目前只能部分地替代传统化石能源，做不到完全替代，而这种部分替代的关系源于收入之外的影响因素包括：炊事设备价格、取暖设备价格、公共设施建设、资源禀赋和商品性能源的价格波动等。举例来说，在传统乡村家庭中，炊事设备往往与房屋结构一体，这一方面有利于疏导烟气，另一方面便于随时添加薪柴和煤炭等能源，之后随着电网和燃气管道向乡村地区延伸，收入较高的家庭有能力购买相应的用电设备去替代传统的用能设备，但由于传统设备存在锁定效应，即完全拆卸所需要的成本较高，这其中不仅仅包括可以衡量的装卸成本、房屋改建成本等，还包括较难衡量的文化方面的成本，同时考虑电器设备的价格和市场的远近等因素，这就导致了乡村家庭的能源消费动态特征表现为现代能源和传统能源相结合，家庭消费一组能源产品。综合来讲，能源转型的动态特征意味着在考虑影响因素时除了收入，还要纳入家庭人口特征、房屋特征和设备特征等因素。

在具体研究乡村家庭能源消费行为的文献中，部分学者采用更复杂的理论框架去描述乡村家庭的能源消费行为，因为在发展中国家中，乡村家庭经常面临着能源品、劳动力、农产品和信用等市场上的不完全竞争问题甚至是市场缺失问题。同时乡村家庭往往经营着农业、渔业、旅游业和手工业等乡村特色产业，这表明分析乡村家庭时，先要将其作为追求利润最大化的生产者进行决策，得出最大化利润，再将其作为效用最大化的消费者进行决策，并将利润作为预算约束。在市场不充分不完全的情况下，乡村家庭的生产与消费决策往往同时进行。举例来讲，如果农产品和劳动力市场存在市场失灵，那么乡村家庭更有可能用作物残茬等生物质能去部分替代薪柴等能源产品，这种情况下就会构建出在闲暇和预算约束下的效用最大化框架和农产品生产函数，以及生物质能和薪柴等能源的收集和购买行为，这样收入和能源消费就可能成为内生因素，家庭特征和偏好作为外生因素，需要构建出联立方程模型进行分析。因为建立农村家庭的生产和消费模型需要深入地进行社会调查研究，所以本章的分析方法仍以单方程的计量分析为主，但在讨论回归结果时会考虑内生性等问题。

通过上述对乡村家庭能源消费理论的讨论，我们对模型中的关键变量有了初步的认识，接下来将分别梳理和讨论影响家庭能源消费的因素，并初步分析背后可能存在的影响机制，为下一节结合乡村调研数据构架模型打下基础。

影响农村家庭能源消费的各种因素，包括家庭特征、经济、技术、生活方式等方面，具体而言则可以提炼为家庭收入、能源价格、家庭能源消费偏好、家庭住房特征、家庭生产特征及能源的可获得性等。

大量实证研究证明，家庭收入是影响家庭能源消费的关键因素，有时出于统计误差和调研误差等原因，也会用家庭支出来代替家庭收入。对津巴布韦（Hosier and Dowd，1987）、尼日利亚（Baiyegunhi and Hassan，2014）、印度城镇地区（Gupta and Köhlin，2006）和中国乡村地区（Démurger and Fournier，2011）的研究均发现收入是推动这些地区能源消费结构转型的主要因素，其中关于中国乡村地区的研究考虑的是从薪柴向煤炭的能源转型过程。这些研究说明在能源消费中正常商品替代劣等商品时，收入效应起着显著性的作用。此外在研究单种能源物品的消费因素时，比如仅研究电力消费量或薪柴消费量，会纳入收入的二次项来捕捉能源转型。在研究收入对电力和天然气等现代能源产品的影响上，多数研究（Gupta and Köhlin，2006；Lee，2013；Muller and Yan，2014）得出收入影响方向为正，但影响程度差别较大。总的来说收入会促进家庭能源转型，即收入对煤炭和薪柴等能源的消费量影响为负，而对电力和天然气等能源的消费量影响为正。根据上文讨论的家庭能源消费阶梯理论，结合多数研究结果，可知收入是推动家庭能源消费结构向现代清洁能源转型的主要驱动因素。

能源价格是影响家庭能源消费决策的另一重要因素。对于煤炭、瓶装液化气、管道天然气和电力等存在市场的能源产品来说，价格是影响家庭能源消费量的重要因素；对于薪柴和秸秆等没有市场的能源品来说，可以通过计算收集能源的时间，结合时间的机会成本间接得出这些能源产品的价格。多数研究都发现了能源品的价格对该种能源的消费量的影响为负向，比如 Zhang 和 Kotani（2012）研究北京瓶装液化气的价格时，发现价格的上升会显著减少家庭瓶装液化气的消费量和选择瓶装液化气的概率。在交叉价格弹性方面，相关研究之间的结论出入较大，一般经验认为交叉价格弹性是推动能源替代的重要因素，比如 Peng 等（2010）发现中国煤炭价格的上升会提高居民选择生物质能的概率。但有些研究表明交叉价格弹性的效果不显著，甚至为负向影响，说明部分能源产品之间可能为互补的关系。结合经济理论我们知道交叉价格弹性可以被分解为替代效应和收入效应。替代效应是指，一种能源品价格的上升，表明其他能源品价格相对下降，消费者会转移能源消费品种；收入效应是指，一种能源品价格的上升，表明消费者的收入相对下降，会减少所有能源品的消费。综合来看，在研究价格的影响时首先应当能观测到价格的变化，若没有相应的价格数据可以通过控制地区固定效应等方式间接控制价格的影响，从保证其他变量参数估计值的无偏性。

在讨论家庭的能源消费偏好时，多数研究会通过家庭人口特征来间接表示家庭偏好。家庭人口特征包括：年龄、性别、受教育程度、生活方式和家庭人口数。下面将分别讨论这些因素会如何对能源消费产生影响。在年龄方面，一般会用户主的年龄作为参考，将户主作为家庭的消费决策者，关于年龄对能源消费影响的实证研究之间结论存在差异，部分对尼日利亚（Baiyegunhi and Hassan，2014）、埃塞俄比亚（Gebreegziabher et al.，2012）和中国北部地区（Démurger and Fournier，2011）的研究表明年龄越大的家庭越偏好传统能源，表明年老的人相比于年轻人更愿意保持传统的能源消费习惯，越偏于保守；但是其他对印度（Gupta and Köhlin，2006）和土耳其（Özcan et al.，2013）的研究得出年龄越大越偏好现代能源这一结论，并且可以解释为由于年轻人面对着收入水平等约束，所以选择较廉价的能源，而年老的人能负担起清洁能源。性别方面，由于女性在家庭分工当中经常负责做饭等家庭劳务，会直接受到室内环境的影响，所以相比于有一定污染的传统能源，女性作为户主的家庭可能更偏好清洁能源，但性别这一因素在部分研究中不显著（Heltberg，2005；Ouedraogo，2006），这有可能是因为性别因素中不仅包含了消费偏好，还包括了时间成本和女性在家庭中的地位等其他难以量化捕捉的因素。在受教育程度方面，大多数研究表明受教育水平越高的家庭越偏好清洁的现代能源，减少传统能源的使用，但这背后的影响机制有多种解释，一方面随着受教育水平的提高，收集和使用能源的时间机会成本上升，家庭会减少薪柴、秸秆和煤炭等能源的使用，进而转向电力和天然气等节省时间、高效率的能源产品；此外受教育水平一定程度上反映了收入水平，从而通过收入效应影响家庭的能源消费结构；另一方面，受教育水平提高，使得家庭更具有环保意识，更关注室内环境和自身健康，从而减少有污染气体排放的能源产品，向清洁能源转型。在家庭生活方式方面，一般来讲生活方式包括：宗教信仰、民族文化、食物口味和做饭习惯等特征，考虑到本研究的范围界定在浙江省乡村地区，省内宗教信仰、民族文化和食物口味在市县之间差异不大，并且可通过纳入地区虚拟变量进行代替，所以衡量家庭生活方式的变量就由做饭时长进行代理，如果家庭做饭时间较长，则会一定程度阻碍家庭的能源结构转型，即做饭时间越长越有可能偏向于使用薪柴等传统能源，原因可能是由反向因果造成，即家庭主要使用传统能源时，效率较低，才导致家庭的做饭时间延长。最后要考虑的人口统计学特征为家庭人口数，多数研究（Abebaw，2007；Zhang and Kotani，2012）发现家庭人口数对人均能源消费量的影响显著为负，这说明家庭能源的使用可能存在规模经济，或者考虑人均收入情况时，如果随着家庭人口增长，人均收入水平下降，那么人口增长导致的人均能源消费下降可能部分是由收入因素造成，此外人口因素对能源转型的影响仍不明确，部分研究（Pandey and Chaubal，2011；Özcan et al.，2013）得出家庭人口数越多，越偏向使用传统能源，可能因为贫困的家庭有更多的家庭人口，导致家庭经济状况难以负担现代清洁能源，所以偏向使用廉价的传统能源；但其他研究（Baiyegunhi and Hassan，2014）却发现常住人口较多的家庭更偏向于清洁能源，因为人口越多的家庭使用清洁能源带来的收益越大。综上所述，本研究也将年龄、性别、受教育程度、生活方式和家庭人口数等因素纳入到模型当中考察家庭人口特征对能源消费的影响。

　　家庭住房特征可以分为建筑特征和用能设备特征进行讨论。其中建筑特征通常包括房屋所有权、建筑材料、房间数量、水源、面积和是否接入电网等。通常建筑特征一定程度上反映了家庭的经济状况和居住环境。由于浙江省乡村家庭都已通电，并且房屋材料之间差距不大，所以本研究采用楼层数和建筑面积来描述家庭建筑特征。在设备方面，通常包括做饭设备、取暖设备和其他家用电器等，设备数量和设备类型是约束家庭能源消费量和消费结构的关键因素。Manning 和Taylor（2014）的研究发现家庭拥有现代厨房设备和取暖设备是消费清洁能源、实现能源转型的必要条件。同样 Louw 等（2008）关于非洲家庭能源消费的研究也发现家用厨房设备的种类显著地影响了家庭的电力消费量。此外其他家电设备的种类、数量和功率也一定程度影响了家庭的电力消费量，为了控制用能设备的影响，本书通过加入炊具设备和取暖设备等不同设备类型的数量进行分析，并加入不同家用电器的数量来捕捉家电设备特征。

　　在乡村家庭生产特征方面，部分研究表明乡村家庭的能源消费结构会受到家庭种植的农产品特征的影响，即从事农业生产的家庭在消费和生产决策方面是相互影响，绑定在一起的。为了衡量这一因素，可以将家庭是否从事农业、土地种植面积和牲畜数量等因素纳入模型。Chen 等（2006）关于中国偏远地区乡村能源消费的研究发现土地种植面积并不会影响家庭的薪柴秸秆消费量。但是，Démurger 和 Fournier（2011）的研究却发现土地种植面积对薪柴的消费有显著的正向影响，这之中差距主要是样本选择问题导致的，所以在本书研究浙江乡村能源消费问题时，将纳入浙江特色产业的虚拟变量来控制乡村家庭生产特征。

　　最后是能源可获得性因素。能源可获得性包括家庭获取能源的途径、时间或距离、基础设施建设、太阳能电池板和资源禀赋等因素。大多文献（An et al.，2002；Heltberg，2005）通过计算家庭距离薪柴或煤炭市场的距离来衡量传统能源的可获得性，此外用是否接入电网，是否接入燃气气管道等变量可以描述现代能源的可获得性，新能源方面可以纳入是否铺设太阳能电池板等因素。结合浙江省乡村的实际情况，本研究通过纳入地区虚拟变量一定程度上代替地区资源禀赋这一因素，并且加入了是否安装太阳能电池板来衡量新能源的可获得性。

综上所述，本节结合相关研究文献讨论了可能影响乡村家庭能源消费的主要因素，下一节将以此为参考，结合实际调研取得的数据进行提取和计算形成模型中的解释变量。关于数据和变量的具体描述将在下一节进行。

本节最后部分将简要介绍采用的分析方法，本章主要为计量经济学中的多元线性回归分析和面板分析，统计学中的主成分分析和滤波分析，结合浙江省乡村家庭的具体情况讨论在采用这些方法时应注意的问题。

因为本次调研问卷设计是基于 2017 年样本家庭的生活状况、经济状况和能源消费状况，所以取得的数据为横截面数据，并且在抽样时根据浙江省的乡村特色产业情况做了样本分配，不是完全的随机抽样。所以在进行回归分析时不能简单地做乡村全样本的回归，应当控制特色产业类型和地区类型，并将研究重点聚焦在室内生活用能上，这样结果更具有意义，并且较大的样本量保证回归中关键变量的显著性。同时在因变量的选择上主要采用能源消费总量和分能源类型下的各类能源消费量，这样因变量为不受限变量，更便于构建回归模型和分析，回归结果的经济学含义更直观，在研究家庭每日用电量时，采用的是基于样本家庭电表编号匹配的每日用电量数据，并结合各县每日的气温数据构成面板，时间跨度为 2017 年 1 月 1 日到 12 月 31 日，是较长的面板，所以在进行面板分析时还会控制月份和星期等虚拟变量，一方面采用固定效应模型，控制个体特征，更准确地捕捉温度的影响，以及不同月份和星期的用电差异，另一方面采用随机效应模型，判断收入、人口等不随时间变化的特征影响是否显著。

采用统计学方法中的主成分分析和滤波分析，其中主成分分析主要为了提取出乡村家庭的特征指标，对影响家庭能源消费的主要因素进行整合，将较为复杂的家庭能源消费模型进行简化与概括，尝试找出更为一般的规律和经验，从更少的特征中判断出乡村家庭的能源消费行为，并初步判断各类特征的对能源消费的影响力度如何，为第 8 章的趋势判断做铺垫。采用滤波分析主要为了处理时间序列数据，将日用电量分解成趋势项和波动项，结合第 6 章的初步判断，更直观地描述浙江乡村家庭日用电量的变化趋势与波动情况。

7.2 能源年消费量影响因素分析

7.2.1 描述性统计

7.2.1.1 影响因素的描述性统计

结合上一节对主要特征和影响因素的讨论，本研究根据调研数据整合、计算并提出的变量描述性统计如表 7-1 所示。

表 7-1 乡村家庭样本特征描述性统计（样本数=844）

特征	变量	均值	标准差	最小值	最大值
家庭收入支出特征	家庭常住人口总收入（元）	139 610.7	241 999.1	1000	5 454 000
	家庭常住人口总支出（元）	44 411.3	33 424.3	900	457 000
家庭人口特征	家庭总人口数	2.8	0.98	1	9
	家庭常住人口数	2.2	0.68	1	6
	家庭劳动力数量	1.98	0.53	1	5
	户主是否为女性	0.18	0.38	0	1
	户主年龄	44.3	9.9	17	79
	户主受教育年限	10.9	3.6	0	22
住房特征	住房楼层数量	2.04	0.6	1	4
	住房建筑面积（米²）	144.38	56.84	15	250
	2017 年冬季日均日照时长	5.02	1.8	1	8
	2017 年夏季日均日照时长	6.32	1.48	1	8
炊事特征	2017 年全年做饭小时数	483.15	393.11	0.25	6 570
	柴火灶数量	0.14	0.37	0	4
	蜂窝煤炉数量	0.019	0.14	0	2
	电磁炉数量	0.065	0.25	0	1
	电饭煲数量	0.74	0.5	0	3
	微波炉数量	0.18	0.4	0	2
	烤箱数量	0.014	0.12	0	1
	抽油烟机数量	0.19	0.41	0	2
	排气扇数量	0.12	0.34	0	2
	煤气灶数量	0.46	0.53	0	2

特征	变量	均值	标准差	最小值	最大值
取暖特征	家庭空调采暖数量	0.3	0.56	0	3
	家庭是否用管道采暖	0.004 7	0.069	0	1
	采暖火炉数量	0.051	0.22	0	1
	电暖器数量	0.007 1	0.084	0	1
家用电器和其他特征	冰箱和冷柜的数量	0.99	0.61	0	11
	洗衣机数量	0.67	0.48	0	2
	电视机数量	0.97	0.48	0	4
	电子计算机数量	0.18	0.41	0	3
	热水器数量	0.74	1.33	0	15
	风扇数量	1.42	1.83	0	19
	空调数量	1.03	1.47	0	15
	是否安装太阳能电池板	0.028	0.17	0	1

注：本表分特征总结相关解释变量并报告了变量的均值、标准差、最小值和最大值

根据表 7-1 的结果，家庭常住人口年收入的均值为 139 611 元，达到了年支出均值 44 411 元的 3 倍左右，且标准差也远远高于支出标准差的 7 倍以上，说明由于被访问者主观印象偏差以及家庭隐私等原因，未能据实回答家庭实际收支，致使家庭收入因素存在极端值较多，方差较大等问题，所以本研究在进行回归之前进行了适当的缩尾处理，并且后文构建的模型中取常住人口人均收入水平的对数，一方面缩短收入分布范围，另一方面便于估计出人均能源消费量对人均收入的弹性。

在家庭人口特征方面，表 7-1 显示浙江省乡村家庭的总人口数均值为 2.8，常住人口均值为 2.2，家庭劳动力均值为 1.98，说明浙江省乡村家庭结构可能正向核心家庭结构转型，即以 2~4 口人的家庭为主。在户主特征方面，户主为女性的家庭占比较低，仅为 18%；而户主年龄的均值为 44 岁，符合经验；户主平均受教育年限达到 11 年，平均受教育水平为初中毕业。在处理数据方面，由于调研时被访者可能不包含户主，对于这种情况我们将被访者中年龄最大者认为是家庭的主要决策者，当作为户主进行统计性描述，若出现年龄相同的情况，则取最先被采访者。

在家庭住房特征方面，被调研家庭平均住房楼层数为 2 层，平均住房建筑面积达到了 144 平方米，室内空间较大，间接反映出浙江省乡村经济发展较好；在日照时间方面，2017 年冬季平均每天日照时间达到 5 个小时，夏季约为 6 个小时，说明乡村家庭室内透光较好。

炊事特征主要包括家庭年做饭时长和各类炊事设备的数量等。在炊事设备总

161

第 7 章　乡村家庭能源消费影响因素分析

数方面，乡村家庭平均拥有的炊事设备总数为2台，其中部分样本为经营民宿或餐饮行业的家庭可能会依靠餐饮服务满足家庭自身的饮食需求，表现出统计时该样本的炊事设备数量偏多；在全年做饭小时数方面，均值为483小时，平均每天用于做饭的时间为1.3小时，若每天做三顿饭，则单次做饭时间约为26分钟，符合经验判断；在各类炊事设备的数量方面，乡村家庭平均拥有的柴火灶、蜂窝煤炉、电磁炉、电饭煲、微波炉、烤箱、煤气灶、抽油烟机和排气扇的数量分别为0.14台、0.02台、0.07台、0.74台、0.18台、0.01台、0.46台、0.19台和0.12台，可以发现大多数家庭以电饭煲这类电炊事设备为主，其次为煤气灶，之后是抽油烟机和柴火灶，占比较低的炊事设备为蜂窝煤炉和烤箱，说明浙江乡村家庭在炊事方面煤炭消费较低，以电和燃气为主，此外乡村家庭安装换气扇和抽油烟机等排气装置的比例不高，不超过20%。

在取暖方面，浙江乡村家庭平均拥有的取暖设备总数为0.4台，小于1，说明大多数家庭不需要冬季取暖，这可能是浙江所处的地理和气候环境造成的，冬季平均气温也在零度以上，居民取暖需求不高；在各类取暖设备上，家庭取暖时平均使用的空调数量为0.3台，平均使用采暖火炉0.05，而电暖器采暖和管道采暖的数量仅为0.007和0.005，可见冬季取暖行为在浙江乡村并不普遍，且取暖的家庭主要以使用空调为主。

在其他家用电器与特征方面，乡村家庭平均拥有冰箱或冷柜1台，洗衣机1台，电视机1台，电子计算机0.2台，热水器1台，风扇1台以及空调1台，说明冰箱、洗衣机、电视机、热水器、风扇和空调等电器已在浙江乡村家庭普及，而电子计算机相对不够普及，同时乡村家庭在夏季纳凉方面设备充足，对比取暖特征，可以发现家庭平均拥有1台空调，而冬季用于取暖的空调数量仅为0.3，说明并不是所有拥有空调的家庭都会选择在冬季用空调取暖。此外在其他特征方面，用是否安装太阳能电池板来衡量家庭对新能源的可获得性，其中安装了太阳能电池板的家庭占比为2.8%，尽管占比较低，但表明浙江省乡村家庭的能源结构中已出现新能源。

7.2.1.2 能源消费量的描述性统计

在被解释变量方面，对乡村家庭的能源消费统计性描述如表7-2所示。

表7-2 乡村家庭能源消费描述性统计

变量	样本数	均值	标准差	最小值	最大值
人均能源消费量	844	270.87	223.20	8.13	2 842.95
人均电力消费量	844	148.67	86.44	0.05	487.08

变量	样本数	均值	标准差	最小值	最大值
人均燃气消费量	413	143.87	122.37	0.77	1 322.43
人均煤炭消费量	54	95.28	73.66	0.15	282.24
人均薪柴消费量	119	193.55	200.54	6.07	1 094.18

注：本表分能源类型报告了乡村家庭常住人口人均能源消费量的样本数、均值、标准差、最小值和最大值，消费量单位均为（千克标准煤/年），其中人均燃气消费量为瓶装液化气、管道煤气和管道天然气消费量的加总，将木炭消费量归进煤炭消费中

本研究是以家庭室内能源消费为主，所以未将柴油等出行交通方面的能源消费纳入因变量中。在数据处理上，为了给后文构建模型打下基础，考虑到除电力之外，其他能源并不是所有家庭都会使用，导致这些能源消费数据中出现部分零值或空值，根据能源之间的近似程度，在回归分析时，为了保证样本数量和回归结果的显著性，同时使分析结论具有参考价值，我们对能源消费进行归类加总处理，将瓶装液化气、管道煤气和管道天然气加总，得出家庭燃气消费量，分析不同家庭特征对燃气消费量的影响，将木炭消费量划进煤炭消费中，并把太阳能和生物质能作为其他类能源处理，因为样本数量较少，其回归结果的参考价值不高，其他类能源消费量未报告在表中。

表7-2报告的是使用该类能源的家庭相应的常住人口人均能源消费量。样本中所有家庭都使用电力，人均年电力消费量为149千克标准煤；而使用燃气的家庭为413户，占总样本的49%，这些家庭的人均燃气消费量为144千克标准煤；消费煤炭的家庭仅占6%，为54户，其人均煤炭消费量为95千克标准煤；最后消费薪柴的家庭为119户，占总样本的14%，人均薪柴消费量为194千克标准煤。通过能源使用的比率可以看出，电力在浙江乡村的普及率最广，其次是燃气，煤炭的使用比例最低，表明当前乡村家庭能源结构可能已经转型为以电力和天然气为主的现代清洁能源消费结构。此外人均薪柴消费量的均值高于其他能源消费量，而薪柴主要用于做饭和取暖，这背后的原因可能是薪柴的能源效率低于电力和燃气，为了满足同样的生活需求，需要消费更多的薪柴。

综上所述，我们已经对主要的解释变量和被解释变量有了初步的了解，接下来则根据相关变量进行模型构建，判断各特征对能源消费的影响方向与程度。

7.2.2　模型设定

由于除电力之外其他能源的消费量零值与空值较多，为了保证回归结果的显著性，同时不失去其经济学含义，将部分类别、用途和替代程度相近，并基本位于同一能源消费阶梯的不同能源消费量进行加总，得到的变量分别为 $energy_i$（能

源消费总量），ele$_i$（电力消费量），ngas$_i$（燃气消费量，包括：液化石油气、管道煤气和管道天然气），ncoal$_i$（煤炭和木炭消费量）和 wood$_i$（薪柴消费量）。为了保证结果的显著性，并且为第 8 章的趋势预测模型打下基础，我们计算了上述 5 种被解释变量的常住人口人均值，为了便于得出收入弹性，对其取对数值，这样用 E_{ij} 来表示第 i 个家庭对 j 种能源的常住人口人均消费量对数，第 i 个家庭的人均能源消费总量对数就为 E_{i1}，结合上述讨论的解释变量，构建出第 j 种能源消费量的实证分析模型为：

$$E_{ij} = \beta_1 \text{lpincome}_i + \beta_2 \text{lpincome}_i^2 + \beta_3 \text{pop\_resident}_i + \beta_4 \text{educ}_i + \beta_5 \text{female}_i + \beta_6 \text{age}_i + \beta_7 \text{cook\_hour}_i +$$

$$\beta_8 \text{area}_i + \beta_9 \text{sunshine\_winter}_i + \beta_{10} \text{sunshine\_summer}_i + \beta_{11} \text{solar\_panel}_i + \sum_{k=1}^{20} \omega_k \text{equ\_q}_{ki} +$$

$$\sum_{k=1}^{13} \sigma_k \text{county}_{ki} + \sum_{k=1}^{7} \theta_k \text{family\_type}_{ki} + \beta_0 + \varepsilon_{ij} \tag{7-1}$$

式中，E_{ij} 为家庭 i 对第 j 种能源的人均消费量对数，和上文统计性描述中的变量相对应；lpincome$_i$ 为家庭常住人口人均年收入的对数，lpincome$_i^2$ 为人均收入对数的平方；pop_resident$_i$、educ$_i$、female$_i$ 和 age$_i$ 分别为家庭人口特征中的家庭常住人口数、户主受教育年限、户主是否为女性和户主年龄；房屋特征包括 area$_i$、sunshine_winter$_i$ 和 sunshine_summer$_i$，分别为房屋面积、冬季日均日照时长和夏季日均日照时长；此外 cook_hour$_i$ 为家庭年做饭总时长来衡量家庭生活习惯，solar_panel$_i$ 为家庭是否安装太阳能电池板；equ_q$_{ki}$ 为第 k 种设备的数量，包括炊事设备、取暖设备、其他家用电器等共 20 种设备，具体设备类型参考上文中的描述性统计部分；county$_{ki}$ 为区县虚拟变量，包括样本调研涉及的共 13 个县市，family_type$_{ki}$ 为家庭类型的虚拟变量，包括普通家庭、特色旅游、炒茶、海产养殖、作物种植、家庭手工业和物流仓储共 7 类家庭；最后 ε_{ij} 为误差项，表示无法观测到的其他影响家庭能源消费量的变量，β、ω、σ 和 θ 为待估参数，也是本研究需要考察的家庭能源消费量的影响因素的边际效应。

7.2.3 回归结果

根据本章构造的模型，分别进行估计，得到的具体回归结果如表 7-3 所示。

表 7-3 回归结果

变量	(1) 人均能源 消费对数	(2) 人均电力 消费对数	(3) 人均燃气 消费对数	(4) 人均煤炭 消费对数	(5) 人均薪柴 消费对数
人均收入对数	1.32 *** (0.45)	1.24 ** (0.48)	0.73 (0.77)	1.00 (3.28)	−0.61 (2.08)

变量	（1）人均能源消费对数	（2）人均电力消费对数	（3）人均燃气消费对数	（4）人均煤炭消费对数	（5）人均薪柴消费对数
人均收入对数平方	-0.059*** (0.021)	-0.056** (0.023)	-0.03 (0.037)	-0.06 (0.17)	0.024 (0.10)
家庭常住人口数	-0.36*** (0.036)	-0.38*** (0.038)	-0.50*** (0.051)	-0.31*** (0.068)	-0.20 (0.123)
户主受教育年限	0.013* (0.008)	0.015* (0.008)	0.021* (0.013)	0.006 (0.034)	-0.033 (0.047)
女性户主	-0.010 (0.06)	-0.051 (0.07)	0.020 (0.11)	0.082 (0.28)	0.313 (0.33)
户主年龄	-0.0004 (0.003)	-0.0045 (0.003)	0.006 (0.004)	-0.001 (0.008)	-0.004 (0.01)
全年做饭时数	0.0006*** (0.0001)	0.0002*** (0.0001)	0.0008*** (0.0001)	0.0007 (0.0005)	0.0004* (0.0002)
住房面积	0.0001 (0.0005)	0.0016*** (0.0005)	-0.0007 (0.0008)	0.0089** (0.0032)	0.00017 (0.0029)
冬季日均日照时长	0.0008 (0.020)	-0.03 (0.02)	0.03 (0.04)	-0.17 (0.11)	0.02 (0.15)
夏季日均日照时长	0.042** (0.020)	0.058*** (0.021)	-0.019 (0.038)	0.21 (0.12)	0.19 (0.16)
是否安装太阳能板	-0.09 (0.13)	-0.13 (0.13)	-0.02 (0.21)	-1.73*** (0.43)	0.10 (0.49)
常数项	-3.1 (2.4)	-2.6 (2.6)	0.97 (4.1)	-0.41 (15.4)	8.5 (11.1)
炊事设备类型	控制	控制	控制	控制	控制
取暖设备类型	控制	控制	控制	控制	控制
其他家用电器类型	控制	控制	控制	控制	控制
地区虚拟变量	控制	控制	控制	控制	控制
家庭类型虚拟变量	控制	控制	控制	控制	控制
样本数	844	844	413	54	119
调整 R^2	0.568	0.501	0.546	0.962	0.374

＊. $p<0.1$，＊＊. $p<0.05$，＊＊＊. $p<0.01$

注：括号里是标准差；回归结果控制了炊事、取暖和家用电器等设备因素，但未报告在表中；结果控制了地区虚拟变量和家庭类型虚拟变量

本章研究了人均能源消费量、人均电力消费量、人均燃气消费量（包括瓶装液化气、管道煤气和管道天然气）、人均煤炭消费量（包括煤和木炭）以及人均薪柴消费量的影响因素，着眼于农村家庭室内能源消费，不考虑交通用能和生产性用能。表7-3反映了上述能源消费量的影响因素。

收入方面，收入水平显著影响家庭人均能源和人均电力消费量，同时与燃气和煤炭消费量成正比，与薪柴的消费成反比，但不显著。根据估计结果，若以人均收入水平25 000元为例，此时人均收入水平增加10%，那么在其他条件不变的情况下，人均能源总量会增长约1.2%，人均电力消费增长约1.1%，若以类似的方法计算其他能源的影响，则可以得出这一收入假设条件下，人均燃气消费量会增长1.2%，人均煤炭消费量下降2.2%，而人均薪柴消费量会下降11%。尽管这三个结果不显著，但仍有很好的参考意义，可以看出收入增长会促进用能结构转型，说明收入的增加会促进家庭能源消费从传统化石能源向现代商业能源转移，有利于用能的清洁化进程。

此外，收入的对数项对能源和电力消费对数的影响存在倒U型关系，但若返回为原始变量，考虑人均收入对人均能源和电力消费量的影响，则如图7-1所示，对数的倒U型关系意味着只有当人均收入出现数量级的增长时，人均电力消费量才会出现明显的下降。但考虑实际情况下，中短期内收入基本不会出现倍数增长。这说明收入对电力消费量的影响是下图所示的非线性关系，在其他条件不变的情况下，随着人均收入的增长，人均电力消费量保持增长，但增速逐渐放缓，当收入水平超过拐点值55 000元时，人均电力消费量到达平台，表明在家庭特征和用能设备与环境条件等保持不变时，居民对电力的需求达到饱和。说明在纵向来看，随着收入增长到一定经济水平，收入不再是推动能源消费增长的主要因素，此时用能设备和环境等成为制约能源和电力消费量增长的重要因素，并

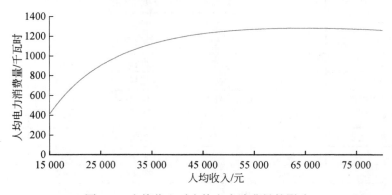

图7-1　人均收入对人均电力消费量的影响

且技术进步和节能意识等因素会极大提高居民的用能效率，从而减缓能源消费的增速，并有可能出现平台或稳态；从横向来说，尽管高收入群体人均能源和电力消费量较多，但可能已经达到平台，甚至出现下降的趋势，而中低收入家庭的电力需求可能正处于快速增长阶段，关注这些家庭的能源消费增长，提前优化其用能设备，改善用能环境，将保证居民能源消费结构更有效地向清洁高效的方向转型。

家庭常住人口数显著地负向影响人均能源消费总量、人均电力消费量、人均燃气消费量和人均煤炭消费量，显著性水平均达到1%，同时负向影响人均薪柴消费量，但不显著。需要注意的是这里讨论的是人口对人均消费量的影响，人口对总量的影响一方面体现在降低人均用量，另一方面提升人口基数，对总量影响仍可能为正向，根据结果，其家庭常住人口增加1人，在其他条件不变的情况下，平均来讲人均能源、电力、燃气和煤炭的消费量会分别下降约36%、38%、50%和31%。这说明这些能源消费存在明显的规模效应，即室内能源消费存在较多公共部分，如做饭、取暖和照明等。此外，回归结果还表明燃气的规模效应最为明显，这是因为燃气主要用于做饭，而做饭本身对于家庭成员来说就是一种公共品。

在户主的人口统计学特征方面，模型主要考虑了户主受教育年限、性别和年龄等因素，回归结果如下：户主的受教育年限方面，在10%的显著性水平下，受教育程度显著地正向影响能源总量、电力和燃气的消费量，其中，户主的受教育年限增加一年，人均能源消费总量平均增加1.3%，人均电力消费量增加1.5%，人均燃气消费量增加2.1%，可能的解释为受教育年限高的户主接受新事物的能力更强，同时更愿意尝试电力和燃气等现代能源。性别方面，户主性别对各种能源的影响均不显著，尽管结果表明户主为女性的家庭相比于户主为男性的，人均电力消费量平均低出5.1%，而煤炭和薪柴等平均高出8.2%和31.3%，但这极有可能是样本有偏造成的，即从中国传统文化来看，户主作为家庭的决策者和房屋的拥有者，尤其在农村，一般为男性，户主为女性的家庭可能男性劳动力较少，或者经济水平较低，导致该家庭选择较为传统且易得的能源，如煤炭和薪柴，其背后可能还是收入水平起作用，所以本研究未发现乡村家庭性别特征会对能源消费产生影响。在年龄方面，户主年龄对各类能源消费的影响均不显著，仅从系数来看，户主年龄越大的家庭除燃气外各类能源的人均消费都可能下降，可能是老年人更具有节俭节约意识造成的。

家庭生活习惯方面，在1%的显著性水平下，家庭年做饭时间（按小时计算）显著地正向影响人均能源消费总量、人均电力消费量和人均燃气消费量，在10%的显著性水平下，做饭时长会正向影响人均薪柴消费量。这也从侧面反映出，浙江农村家庭做饭通常使用电力、燃气和薪柴，而煤炭等很少使用在做饭上。

住房特征方面，在1%的显著性水平下，家庭住房面积会显著地正向影响人均电力消费，在5%的显著性水平下，会正向影响人均煤炭消费量。这是因为居住面积决定了家庭冬季取暖和夏季纳凉的环境，面积越大，取暖和制冷所消耗的能源越多，而电力就是取暖和制冷主要使用的能源，煤炭则是浙江乡村家庭在冬季通过采暖火炉取暖产生的能源需求，同时这一结果也从侧面反映了浙江农村取暖主要能源是电力和煤炭。在日照时长方面，在5%和1%的显著性水平下，夏季日均日照时长正向影响人均能源消费量和人均电力消费量，这也是夏季制冷需求导致的，日照时间越长，制冷需求越高，空调和电风扇等设定的温度和使用的时间也会调整，导致电力消费上升；此外尽管冬季日照时长的影响不显著，但其与电力和煤炭消费的关系为负向，也反映出日照时长通过影响冬季取暖需求来间接影响能源消费量。

在是否安装太阳能电池板方面，安装的家庭相比于未安装的家庭其煤炭消费量显著下降，显著性水平为1%，而对其他能源的影响不显著，一方面是样本中使用太阳能的家庭很少，导致结果参考价值不高，可信度不高；另一方面也有可能说明太阳能在做饭、取暖或其他能源使用方面可以替代煤炭。

接下来讨论最后一个关键的影响因素——设备对家庭能源消费的影响。上述的回归结果中已经纳入了各类设备变量，但未直接报告出具体系数，因为模型中纳入的设备变量多达20种，为了更直观地表示设备对能源消费的影响，同时抓住重点因素进行讨论，本部分以柱形图的形式进行展示，以柱形高度表示系数的大小，同时考虑到各类设备对薪柴的影响均不显著，故未报告其对薪柴的影响，并且整理出有显著影响的设备进行报告，具体结果如图7-2所示。

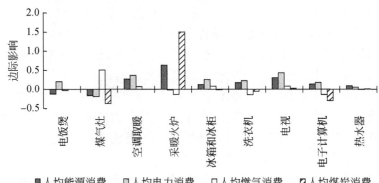

图7-2 各类设备对各类能源消费量的边际影响

图 7-2 显示了电饭煲、煤气灶、空调取暖、采暖火炉、冰箱和冰柜、洗衣机、电视机、电子计算机和热水器这些设备对人均能源、电力、燃气和煤炭消费量对数的影响。首先在炊事设备方面，使用电饭煲会显著提升家庭电力消费量，并且显著降低能源消费总量，说明电饭煲的功能一定程度上替代了使用其他能源的煮饭设备，并且由于电力的高能效，使得家庭整体能源效率提升，以更少的总能源消费满足家庭炊事需要；而使用煤气灶的家庭则会显著提升燃气消费量，降低电力、煤炭和薪柴消费量，说明煤气灶能够替代厨房中使用煤炭、薪柴或电力的炊具，而燃气的效率高于煤炭和薪柴的效率，且较为清洁。由此，我们能够从家庭炊具看到家庭能源消费阶梯的转变，使用更清洁的炊具如电饭煲和煤气灶等，有利于降低煤炭，薪柴等高污染能源的消费，从而提高清洁能源的消费并降低家庭的能源消费总量。

在取暖设备方面，空调取暖会显著提升家庭的电力消费量和能源消费总量，而使用采暖火炉则会显著提升家庭煤炭消费量和能源消费总量，对比空调和采暖火炉对能源消费总量的影响，可以发现空调对总量的影响低于采暖火炉对总量的影响，这意味着取暖设备从采暖火炉转为空调，不仅保证了室内空气环境的清洁，同时通过提高能源效率，可能会降低家庭能源消费。这样来看，采暖作为浙江乡村家庭能源消费的重要一环，家庭采暖设备的种类不同，家庭能源消费结构也随之不同，使用空调等电器的家庭，对能源总量和煤炭、薪柴等传统化石能源的消耗低于使用采暖火炉的家庭，说明使用清洁的供暖设备可能有助于节约能源，并且提高清洁能源使用率，保证室内空气质量。

在其他用电器方面，冰箱和冰柜、洗衣机、电视机、电子计算机和热水器等均对人均电力消费量和人均能源消费总量产生显著的正向影响，这印证了前文相关性分析中，电器数量和用电量正相关，且符合经验判断。

综合来看，收入是影响能源消费结构的重要因素，收入增长会提升家庭电力和燃气的消费量，降低煤炭和薪柴等消费比例；而在家庭特征方面，影响能源结构的因素主要为受教育程度，受教育程度越高的家庭越偏好于使用电力和燃气等较为清洁的能源；在房屋特征方面，居住面积越大的家庭越偏好使用电力，而冬季日照时长和夏季日照时长通过影响家庭的取暖和制冷行为来间接影响能源消费；设备方面，煤气灶和采暖火炉的使用会分别显著地提升家庭燃气和煤炭的消费量，而在电器设备方面，毋庸置疑会对家庭电力消费量产生显著的正向影响。

7.2.4　主成分分析

在上文回归结果的基础上，我们将进一步采用主成分分析方法，对影响家庭能源消费的主要因素进行降维，在保证一定信息量的前提下，归纳出影响家庭能源消费的主要特征，为第 8 章的情景模拟预测作铺垫。

主成分的基本原理是通过对原始多个变量取线性组合，考虑变量之间的相关性，以方差最大化等方式作为目标，尽可能多地保留原始信息，并从多个原始变量中得出少数几个综合性的特征与指标，是一种归纳数据，对数据进行降维和压缩的统计方法。通常较好的综合性指标应较多地保留原始信息，所以主成分数量的选择要考虑其对原始信息的解释程度，本研究也以此为标准，对家庭能源消费影响因素提取主成分。

考虑能源消费影响因素的主成分分析，根据上文回归模型中加入的解释变量，在主成分分析中纳入的影响因素为收入、支出、家庭常住人口数、户主性别、户主年龄、户主受教育年限、家庭年做饭时长、住房面积、冬季日均日照时长、夏季日均日照时长、炊事设备（柴火灶、蜂窝煤炉、电炊事设备、煤气灶和排气装置）、取暖设备（空调、锅炉管道、采暖火炉和电暖器取暖）、其他家用电器总数和是否安装太阳能板，共 21 个变量，主成分分析结果如表 7-4 所示，同时得到选择主成分时的参考标准。关于能源消费的主成分碎石图，如图 7-3 所示。

表 7-4　家庭能源消费主要影响因素的主成分分析结果

主成分	特征根	差值	方差贡献率	累积方差贡献率
主成分 1	3.24	0.59	0.15	0.15
主成分 2	2.65	0.79	0.13	0.28
主成分 3	1.86	0.49	0.09	0.37
主成分 4	1.37	0.24	0.07	0.43
主成分 5	1.13	0.10	0.05	0.49
主成分 6	1.03	0.02	0.05	0.54
主成分 7	1.01	0.01	0.05	0.58
主成分 8	1.01	0.08	0.05	0.63
主成分 9	0.93	0.04	0.04	0.68
主成分 10	0.89	0.10	0.04	0.72
主成分 11	0.79	0.01	0.04	0.76
主成分 12	0.78	0.07	0.04	0.79
主成分 13	0.71	0.04	0.03	0.83
主成分 14	0.67	0.09	0.03	0.86
主成分 15	0.59	0.02	0.03	0.89

主成分	特征根	差值	方差贡献率	累积方差贡献率
主成分16	0.56	0.08	0.03	0.92
主成分17	0.49	0.07	0.02	0.94
主成分18	0.41	0.09	0.02	0.96
主成分19	0.33	0.01	0.02	0.97
主成分20	0.32	0.08	0.02	0.99
主成分21	0.24	0.00	0.01	1.00

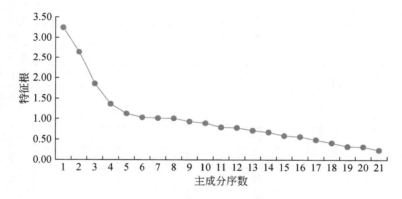

图7-3　能源消费主要影响因素的主成分碎石图

根据表7-4和图7-3可以判断出研究家庭能源消费影响因素时应当采用的主成分数量，表中展示了各个主成分的特征根、差值、方差贡献率和累积贡献率，其中方差贡献率也是该主成分对原始数据的代表程度，比如第一个主成分的方差贡献率为15%，说明第一个主成分解释了21个影响因素全部信息的15%，也表明单用一种主成分变量对原始数据的描述可能不够充分。

在主成分数量的选取方面，有3个参考指标，第一个是表7-4中的累积方差贡献率。根据经验来说，当主成分的累积方差贡献率达到80%或85%以上时，即将忽略的原始信息控制在15%或10%以下，认为可以选择该累积方差贡献率下的主成分。由表7-4可知，在这种情况下主成分数量为14，变量仍比较多。第二个参考指标是特征根，特征根表示主轴长度，反映了主成分对原始变量的影响程度，一般情况下若特征根小于1，则认为该主成分的解释力度不如直接引用原始数据，这一标准下本研究应当考虑的主成分数量为8。最后一个参考指标是根据特征根绘制的主成分碎石图，即图7-4，从图中可以看到特征根的变化趋势，结合实际情况，一般会选择图中出现明显拐点的前几个主成分作为原始变量的代表，这种情况下本研究的主成分数量为 3 或 4。相比于第二个参考指标，碎石图进一步考虑了各主成分之间的关系，结合各参考指标，以及前文对影响因素的讨论，认为主成分的数量为 3 或 4。以 4 个主成分为标准得到相关系数矩阵如表 7-5 所示。

表 7-5　主成分和能源消费影响因素之间的相关系数矩阵

变量	主成分 1	主成分 2	主成分 3	主成分 4
家庭总收入对数	−0.06	0.55	0.39	0.14
家庭总支出对数	0.10	0.42	0.52	0.37
家庭常住人口数	0.33	0.30	0.33	0.33
户主受教育年限	−0.24	0.66	−0.22	−0.01
女性户主	0.08	−0.33	−0.53	0.38
户主年龄	0.06	−0.66	0.30	0.00
全年做饭小时数	0.17	−0.31	0.35	0.25
住房面积	0.57	0.19	0.45	−0.27
冬季日均日照时长	0.77	0.23	−0.30	−0.07
夏季日均日照时长	0.65	0.29	−0.18	−0.21
柴火灶数量	0.48	−0.34	−0.15	0.23
蜂窝煤炉数量	−0.11	−0.02	0.14	0.22
煤气灶数量	0.58	−0.28	0.28	−0.10
电炊事设备数量	0.07	0.47	−0.49	0.15
换气设备数量	0.79	−0.04	−0.01	−0.19
空调取暖	0.03	0.40	−0.11	0.28
管道取暖	−0.08	−0.04	0.00	−0.12
采暖火炉数量	0.38	−0.42	−0.25	0.45
电暖器数量	0.02	0.03	0.13	0.37
其他家用电器数量	0.56	0.27	−0.11	0.03
太阳能电池板	0.09	0.07	0.04	0.40

　　根据上述结果，以相关系数的绝对值是否大于 0.5 作为判断构成主成分的主要因素的标准，可以发现，第一主成分主要由居住面积、冬夏季日照时长、煤气灶、换气设备和其他家用电器数量这些因素构成，可以认为比较符合前文文献综述和回归结果中讨论的住房和设备特征，即通过约束家庭的能源使用环境来影响能源消费量。第二主成分主要由家庭总收入、户主受教育年限和户主年龄等构

成，结合文献综述的讨论和上文回归结果的分析，认为可以将其归纳为家庭经济水平，其中总收入决定了当期家庭能源消费的预算约束，而受教育年限和年龄等则表明了潜在的家庭经济水平，受教育程度越高，户主年龄越低的家庭预期未来更有能力获取更多收入，所以将第二主成分概括为家庭经济水平。第三主成分主要由家庭支出和户主性别两个变量构成，其中支出是家庭偏好和消费选择的表现，并且性别是影响消费偏好的一个重要因素，认为第三主成分应当反映的是家庭偏好特征。最后上表中的第四主成分均没有明显的组成变量，结合碎石图中拐点在第三主成分或第四主成分，认为可以舍弃第四主成分。将这三个主成分作为解释变量，计算其对各类能源消费量的部分 R 平方来衡量其解释能力，具体如表7-6所示。

表7-6　三类特征对能源消费影响的解释能力　　　　　　单位：%

特征	家庭能源消费总量	家庭电力消费量	家庭燃气消费量	家庭煤炭消费量	家庭薪柴消费量
住房与设备特征	21.45	12.32	3.19	10.87	0.02
家庭经济水平	2.61	8.01	0.29	0.37	16.30
家庭偏好特征	1.04	0.58	2.35	0.01	12.22

表7-6 报告的是住房与设备特征、家庭经济水平和家庭偏好特征这些根据主成分分析归纳生成的三大类指标对各类能源消费影响的部分 R 平方值，以此来粗略地衡量各特征对能源消费的解释能力。以能源消费总量为例，样本中家庭能源消费总量的变动中有21%可以被住房与设备特征解释，有3%可以被经济水平来解释，家庭偏好的解释力为1%，可以看出影响能源消费总量的主要因素为住房与设备特征，这也说明在第8章的情景构建和预测中应当考虑到设备的变动。同样影响电力消费的主要因素为家庭的住房与设备特征，其次是家庭经济水平；影响家庭燃气消费的主要特征为住房与设备以及家庭偏好；家庭煤炭消费很大程度上受住房与设备的影响，而薪柴消费主要受经济水平与家庭偏好的影响。上述结果表明，设备特征和经济特征是影响各类能源消费的重要因素，在第8章模拟情景进行预测时应当从经济增长和设备替换这两方面入手。

综合来看，根据主成分分析的结果，浙江乡村家庭能源消费的影响因素主要可以归纳为房屋和设备特征、家庭偏经济水平和家庭偏好特征。

7.3　电力日消费量影响因素分析

7.3.1　描述性统计

根据调研中取得的乡村样本家庭的电表编号匹配电网公司系统中每个家庭的

日用电量数据，从而形成家庭日用电量面板数据，并且根据样本家庭所属县市将中国气象数据中 2017 年浙江省各县的每天日平均气温、日最高气温和日最低气温匹配进家庭日用电量面板中，从而形成本节研究采用的数据。其中，乡村家庭的日用电量和气温数据的描述性统计如表 7-7 所示。

表 7-7　乡村家庭日用电量描述性统计

变量	观测数	均值	标准差	最小值	最大值
每日用电量	235 653	5.43	5.85	0	91.92
每日峰时用电量	235 339	3.31	3.72	0	48.03
每日谷时用电量	235 339	2.13	2.65	0	43.89
日平均气温	236 155	18.19	8.42	0.6	35.6
日最高气温	236 155	22.67	8.99	4.2	41.5
日最低气温	236 155	14.90	8.37	−5.5	30.3

注：本表报告了电量和气温数据的观测数、均值、标准差、最小值和最大值

从表 7-7 可以发现各变量的样本数有所不同，这是原始数据本身存在空缺值造成的，作为面板数据，时间上是 2017 年 365 天每天的数据，而截面上，由于调研过程中获取样本家庭电表编号时存在抄错等问题，以及部分家庭是租户或是共用电表，使用的是房东或自己安装的电表，以到达分表计费的目的，这就导致电网系统中没有这类电表的编号，获取不到这些家庭的每日用电量数据。和第二节 844 的样本数相比，最后有效样本家庭为 647，有效率达到 77%，且基本每户家庭都有完整的序列数据，因此，可以认为基于本数据的研究可靠程度较高。

具体来看各类变量，浙江省乡村家庭每日用电量的均值为 5.43 千瓦时，每日峰时用电量的均值为 3.31 千瓦时，谷时用电量的均值为 2.13 千瓦时，平均来说，峰时用电占总用电量的比例为 61%，此外根据标准差可以发现峰时用电量的波动程度大于谷时用电量的波动程度，符合实际经验。此外表中显示每日用电量、峰时用电量和谷时用电量的最大值分别达到了 91.92 千瓦时，48.03 千瓦时和 43.89 千瓦时，约为均值的 17 倍，为了保证回归结果的显著性，在后文的回归分析中会对电量数据进行适当的缩尾处理。在气温方面，样本日均气温的均值为 18.19 摄氏度，最大值达到 35.6 摄氏度，最小值达到 0.6 摄氏度，未低于零摄氏度；日最高气温和日最低气温的均值分别为 22.67 与 14.90 摄氏度，符合实际。

对电量和气温数据有了基本了解之后，接下来将在第 6 章对日用电量的分析基础上，进一步结合气温数据，并采用滤波分析的方法讨论浙江省乡村家庭每日电力消费的特征。

7.3.2 序列特征分析

首先绘制出日用电量和日均气温的时序图，如图7-4所示。

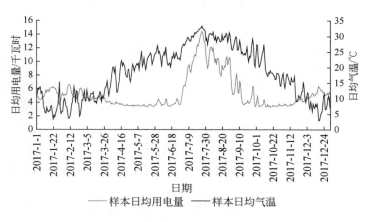

图7-4 日均用电量与日均气温时序图

图7-4描绘了样本家庭每日用电量均值和每日平均气温均值的变化趋势。可以看出，浙江日均气温从1~3月基本保持在15摄氏度以下波动，从4月开始气温出现上升趋势，并在7月中下旬左右达到全年最高温，高温一直维持到8月底，并且气温波动程度不大，从9月开始气温出现下降趋势，11月气温下降到15摄氏度以下。结合气温的变化观察家庭日用电量的走势，可以发现，当用电量从6月底开始出现上升趋势时，气温也开始出现明显的上升趋势，并且两者基本在同一时期达到最大值，之后8月和9月气温和用电量的波动方向基本同步，且都有下降的趋势。而在1~2月和11~12月，即当气温低于15摄氏度时，可以发现电量和气温的变化方向相反，这一时段，当气温出现下降时，用电量会上升。总的来说，6~9月气温和电量变化方向基本一致，存在正相关关系，认为此时气温会正向影响日用电量；而1~2月和11~12月的气温与电量的变化方向相反，存在负相关关系，认为此时气温会负向影响日用电量，这意味着后文的回归分析中应当纳入气温的二次项，来捕捉气温对用电量的影响。此外，这一影响背后的机制主要是家庭的取暖和制冷需求变化引起的，当气温高于一定水平，随着气温上升，家庭的制冷需求上升，会多开空调，调低空调温度，延长空调运行时间等，导致日用电量的上升；而当气温低于一定水平，随着气温下降，家庭取暖需求上升，同理会使用相应的取暖设备，包括空调和电暖器等，但由于浙江本身属于亚热带季风气候，冬季气温不低，和北方地区相比，取暖需求不高，并且根据调研结果我们知道部分家庭不进行冬季采暖，或是使用采暖火炉等非电器取

暖设备，导致冬季日用电量没有夏季那么明显，且波动程度较低。

在分析电量与气温的关系之后，对日用电量进行滤波分析，将电量的分解成变化趋势和波动情况，结果如图 7-5 所示。

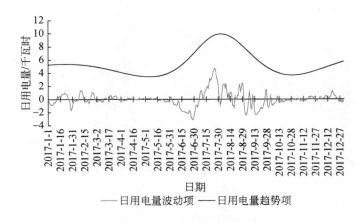

图 7-5　日均用电量滤波分析图

图 7-5 展示了滤波分析之后，浙江省乡村居民日用电量的趋势和波动情况，即图中的趋势项和波动项。通过趋势项我们可以看出日用电量从 1 月份开始有一定的下降趋势，从 5 千瓦时下降到 4 千瓦时左右，在 5 ~ 7 月份时出现明显上升，在 7 月下旬达到峰值，日用电量约为 10 千瓦时，之后逐渐下降，在 10 月底下降到 4 千瓦时，接着 11 月份再次出现上升趋势，在 12 月份上升到 6 千瓦时左右。整体来看，日用电量的高峰期出现在七八月份，并且冬季用电量也明显高于春秋两季。在波动程度上，6 ~ 9 月波动剧烈，其次是 1 月、2 月和 12 月，其余时段基本保持平稳。综合来看浙江省乡村家庭电力消费存在夏季用电高峰，并且伴随着用电量的剧烈波动，其次冬季用电波动较为明显，而春秋两季用电量低，相对平稳。这意味在后文回归分析中应当加入月份虚拟变量，来捕捉不同月份的电量差异。

7.3.3　回归分析

根据上述的讨论，本节构建的回归模型如下

$$\text{ele}_{it} = \beta_0 + \beta_1 T_{it} + \beta_2 T_{it}^2 + \sum_{m=1}^{12} \gamma_m \text{month}_m + \sum_{w=1}^{7} \alpha_w \text{week}_w + \theta_i + \varepsilon_{it} \quad (7\text{-}2)$$

式中，ele_{it} 为第 i 个家庭在第 t 天的用电量；T_{it} 为第 i 个家庭所在地区第 t 天的日均气温，并且加入了气温的平方项；month_m 为月份虚拟变量；week_w 为星期虚拟变量；θ_i 为不随时间变化的个体特征；ε_{it} 为误差项，是模型无法捕捉到的其他影响电力消费的因素；β、γ 和 α 为待估参数。

首先控制个体特征，考虑气温、月份和星期对日用电量的影响，得到固定效应模型回归结果；之后放松个体特征的约束，结合第二节的影响因素分析，将不随时间变化的收入、人口和受教育等特征放入模型，观察这些变量的影响，得到随机效应模型回归结果。具体的系数如表7-8和表7-9所示。

表 7-8　固定效应模型回归结果

固定效应	因变量：日用电量		
变量	系数	变量	系数
日均气温	−0.505 *** (0.007)	10 月	−0.99 *** (0.055)
日均气温平方	0.0162 *** (0.0002)	11 月	−0.35 *** (0.047)
2 月	0.20 *** (0.041)	12 月	0.071 * (0.04)
3 月	0.038 (0.042)	星期二	0.003 (0.03)
4 月	−0.66 *** (0.052)	星期三	0.065 ** (0.03)
5 月	−1.39 *** (0.060)	星期四	0.04 (0.03)
6 月	−1.23 *** (0.062)	星期五	0.113 *** (0.03)
7 月	2.82 *** (0.0794)	星期六	0.149 *** (0.03)
8 月	2.65 *** (0.077)	星期日	0.239 *** (0.03)
9 月	−0.82 *** (0.066)	常数项	8.00 *** (0.06)
样本数	235653		
组内 R^2	0.261		
组间 R^2	0.007		

*. $p<0.1$，**. $p<0.05$，***. $p<0.01$

注：括号里是标准差

表 7-9　随机效应模型回归结果

随机效应	因变量：日用电量				
变量	系数	变量	系数	变量	系数
日均气温	-0.505*** (0.007)	10月	-0.99*** (0.055)	人均收入对数	0.31 (0.23)
日均气温平方	0.0162*** (0.0002)	11月	-0.35*** (0.047)	常住人口数	0.11 (0.25)
2月	0.20*** (0.041)	12月	0.071* (0.04)	户主受教育年限	-0.05 (0.05)
3月	0.038 (0.042)	星期二	0.003 (0.03)	女性户主	-0.29 (0.46)
4月	-0.66*** (0.052)	星期三	0.065** (0.03)	户主年龄	-0.001 (0.005)
5月	-1.39*** (0.060)	星期四	0.04 (0.03)	住房面积	-0.0004 (0.004)
6月	-1.23*** (0.062)	星期五	0.113*** (0.03)	常数项	15.30 (16.34)
7月	2.82*** (0.0794)	星期六	0.149*** (0.03)	设备特征	控制
8月	2.65*** (0.077)	星期日	0.239*** (0.03)	地区特征	控制
9月	-0.82*** (0.066)			家庭类型	控制
样本数	235 653				
组内 R^2	0.261				
组间 R^2	0.078				

*. $p<0.1$，**. $p<0.05$，***. $p<0.01$

注：括号里是标准差

　　对比固定效应模型和随机效应模型，可以发现气温、月份和星期的影响和显著性水平基本一致，且组内 R^2（气温等随时间变化的因素对用电量的解释程度）都达到了 26%，而随机效应模型中加入的收入、人口等个体特征均不显著，组间 R^2（收入等不随时间变化但随个体变化的因素对用电量的解释程度）仅为8%，认为这些变量不是影响每日用电量的主要因素，对每日用电量起决定性作用的仍是气温、月份和星期等这些随时间变化的因素，它们通过影响每日的用电环境来影响每日用电量。

具体来说，气温对用电量的影响非常显著，并且存在正 U 型关系，拐点为 15.6 摄氏度，当气温大于 15.6 摄氏度时，随着气温上升，家庭日用电量逐渐增长，这是制冷需求导致的，而当气温低于 15.6 摄氏度时，随着气温下降，家庭日用电量逐渐增长，这是供暖需求导致的。这意味着通过预测温度变化可以间接预测居民日用电量，提前规划好居民用电的负荷预测。

在月份方面，相比于 1 月，2 月、7 月、8 月和 12 月份的日用电量分别显著高出 0.2 千瓦时、2.8 千瓦时、2.7 千瓦时和 0.1 千瓦时，4 月、5 月、6 月、9 月、10 月和 11 月份分别显著低出 0.7 千瓦时、1.4 千瓦时、1.2 千瓦时、0.8 千瓦时、1.0 千瓦时和 0.4 千瓦时，与前文滤波分析的结论基本一致，可以看出七八月份作为用电高峰，相比于其他时段日用电量平均高出 2.7 千瓦时，而用电低谷集中在五六月份。

在星期方面，相比于周一，周三、周五、周六和周日的用电量平均高出 0.07 千瓦时、0.11 千瓦时、0.15 千瓦时和 0.24 千瓦时，周日是一周当中用电的高峰期，其次是周六，即周末居民大多在家休息和娱乐，导致用电量上升，此外工作日当中周五的用电量最多，猜测为周五晚工作结束，回家放松和娱乐导致的用电量上升，推测周五晚上的用电高峰会非常明显。

总的来说，气温是影响家庭每日电力消费量的重要因素，并且家庭日用电量存在季节性与周期性，季节性表现为七八月的用电量高峰与五六月份的用电量低谷，周期性表现为一周当中周五至周六的用电量显著上升。

7.4 本章小结

本章通过整理和概括已有的关于乡村家庭能源消费的研究文献，结合浙江省乡村家庭的实际情况，提取出了家庭收入、家庭人口学特征、家庭住房特征、家庭炊事与取暖特征、家用电器和其他特征等影响家庭能源消费的因素，使用多元线性回归方法，对上述因素与家庭能源消费总量、电力、燃气、煤炭和薪柴等消费量的关系进行定量分析，并使用主成分分析对影响因素进行归纳，之后根据每日电量和气温数据，采用面板模型研究气温对日用电量的影响，并定量分析了日用电量季节特征与周期特征。研究发现：

1）影响家庭年能源消费量的主要因素为家庭经济水平，家庭能源消费偏好和房屋与设备特征等，其中：①收入方面，收入增长会显著提升居民电力消费量，是促进乡村从传统能源向现代能源转型的重要因素，此外收入对能源消费总量和电力消费量的影响为非线性关系，随着人均收入增长，人均能源和电力消费量的增速会逐渐放缓，当收入超过一定水平时，能源和电力消费可能会出现平台。②家庭偏好方面，常住人口多的家庭各类能源的人均消费量会显著减少，表明家庭能源消费存在人口规模效应，此外，户主受教育程度高的家庭更偏向于使用电力和燃气等现代能源。③房屋特征方面，居住面积越大的家庭越偏好使用电力；而冬夏季日照时长通过影响家庭的取暖与制冷行为来间接影响电力等能源的消费。④设备方面，设备配置是影响家庭能源消费结构和能源转型的重要因素，其中各类家用电器数量会对家庭电力消费量产生显著的正向影响，而煤气灶和采暖火炉的使用则会相应提升燃气和煤炭的消费量。

2）家庭日用电量的特征主要有：①气温。气温是影响家庭每日电力消费量的重要因素，根据估计结果，当气温高于15.6摄氏度时，随着温度上升家庭日用电量逐渐提高，当温度低于15.6摄氏度时，随着温度下降家庭日用电量也会逐渐提高。②家庭日用电量存在季节性与周期性，季节性表现为冬夏两季用电量大，波动剧烈，而春秋两季则是用电较低，保持平稳，具体来说七八月份相比于其他时段日用电量平均高出2.7千瓦时；周期性表现为周末的用电高峰期，相比于工作日，周末的日用电量平均高出0.24千瓦时。

总的来说，本章的研究结果表明，由于浙江省乡村经济发展水平较高，其能源结构转型可以从设备的推广和优惠政策以及电力等清洁能源替代传统能源的角度入手。下一章将根据本章总结的影响因素进行情景模拟，更直观地描绘未来浙江省乡村能源与电力消费的发展趋势。

第8章 乡村家庭能源消费未来趋势

为响应国家乡村振兴政策文件的号召，浙江省大力发展农村经济；为缩小城乡差距，促进乡村建设，浙江省因地制宜，根据不同地理优势发展民宿餐饮、海产养殖、炒茶、物流仓储等行业。借助乡村产业的发展，吸引外出务工人员返乡进行新农村建设，也吸引了大量游客到来，促进了乡村经济的发展。随着乡村家庭可支配收入的不断增加，乡村家庭对优质能源的需求也日益增长，倡导资源节约、环境友好的发展模式，浙江省将农业经济活动、生态环境建设和提倡绿色消费融为一体，把农业生产经营纳入自然生态体系整体考虑，更加注重产业结构与资源禀赋的耦合，生产方式与环境承载的协调，进而实现经济、社会、生态效益有机统一。

2009～2017年，浙江省乡村居民生活用电量保持高速增长，如图8-1所示，除了2014年有负增长外，其他年份均保持10%左右的增长率。2016年，浙江省全省居民生活用电量为547.2亿千瓦时，浙江省乡村居民生活用电量为254.4亿千瓦时，占总量46.5%。近几年浙江省乡村居民生活用电量占比均在46%～47%。浙江省乡村家庭电力消费在浙江省全省居民生活用电量中占有较高比例，

图8-1 浙江省乡村居民生活用电量和增长率

因此本章在分析乡村家庭能源消费未来趋势预测的同时，也对乡村家庭电力消费的未来趋势进行预测，用以探寻未来浙江省乡村家庭的能源消费中电力消费的占比情况变化。本章将借助 2017 年浙江省入户调查数据，建立预测模型，并进行多情景预测分析。

8.1 趋势预测模型

8.1.1 模型构建

在本次调研问卷中，能源与电力的消费量以设备作为载体计算，一个家庭的能源与电力的消费量取决于设备的保有量、使用方式、电器的功率与能效水平等指标，设备的情况是影响能源与电力消费的主要因素。

在基于消费者理论的分析中，人们通常关注的是消费者在能源消费行为上的决策。本研究的基本逻辑在于：消费者作为"理性人"，在收入的约束下，根据偏好和既定的市场价格选择最优的耐用品组合和电力消费行为来最大化自身的效用。在这一决策过程中，消费者的个人因素（如收入、性别、受教育程度等）和通过影响消费者的偏好来对决策产生影响，而外在的因素（如电价和替代性能源的价格和互补性商品的价格等）则通过影响成本收益函数影响消费行为（Fisher and Kaysen，1962）。在已有的文献中，有许多学者对影响居民能源消费的行为的因素进行了理论与实证研究。

收入是影响居民能源消费水平的关键变量。其对居民能源需求的影响主要通过以下两个渠道：其一是通过影响居民对设备的拥有量间接地影响能源需求（Gertler et al.，2013；Chugh，2011；Auffhammer，2011；Wolfram et al.，2012）。在一国经济的发展过程中，当家庭收入上升到一定程度时，居民在解决温饱问题之余，有多余的收入用于购买新的耐用品，在此阶段中居民的能源消费呈现持续性增长。Gertler 等（2013）对 1997～2007 年墨西哥 506 个社区的面板数据进行回归分析，研究证明居民收入的提高对居民购买能源的互补品（如家用电器、车辆等）具有正影响；在贫困国家的经济增长过程中，其居民能源消费需求经历了一个快速发展的阶段。当一个家庭脱离贫困，其拥有的用电器数量会增多，能源需求也相应增长。印度居民机动车拥有量的增长（Chugh，2011）和中国城镇居民空调拥有量的增长（Auffhammer，2011）均与上述规律一致。Wolfram 等（2012）在研究中国、印度、巴西、印度尼西亚、墨西哥和部分撒哈拉以南非洲国家的家庭耐用品和机动车拥有量的变动规律后，发现与中等收入或高收入家庭相比，低收入家庭的收入每增加一单位，其电力支出增长得更为快速。其二是通过影响居民对电器的使用频率从而产生直接的影响（Holtedahl and Joutz，2004）。Holtedahl 和 Joutz（2004）分析了短期内台湾居民电力需求与可支配收入之间的联系，由于短期内居民的电器保有量通常不发生较大变化，居民能源需求的增大更多地缘于使用频率的上升。

为分析研究浙江省乡村家庭能源消费的未来趋势，结合第 7 章的模型主成分分析结果，本章将分析房屋和设备特征、家庭决策者偏好特征、家庭经济水平和能源可获得性对家庭能源消费的影响。将家庭常住人口人均能源消费量的对数和人均电力消费量的对数作为被解释变量，这样便于预测样本的人均能源消费量，从而根据人口数据延伸到浙江省乡村能源消费总量。根据第 7 章的模型，解释变量主要包括常住人口人均收入的对数及其平方项，为了进行稳健性检验，考查收入数据的质量，引入了常住人口人均支出的对数和平方项，预期收入变量一次项的参数估计值显著为正，而二次项的参数估计值显著为负，即收入对能源消费的影响存在拐点。此外对第 7 章的模型进行一定程度的简化，加入常住人口数和户主的受教育年限来衡量家庭特征和决策者偏好特征。最后考虑的因素是设备特征，即加入一系列用能设备和数量，其中包括柴火灶、电磁炉、电饭煲、微波炉、烤箱、抽油烟机、排气扇和煤气灶等炊事设备；空调取暖、管道取暖、采暖火炉和电暖器等取暖设备；冰箱、洗衣机、电视机、电子计算机、热水器、电风扇、空调和太阳能电池板等电器均采用实际数量的形式加入模型。构建模型如下：

$$\text{Lnenergy}_i = \beta_1 \text{Lnincome}_i + \beta_2 \text{Lnincome}_i^2 + \beta_3 \text{Pop}_i + \beta_4 \text{Edu}_i + \beta_5 X_{ij} + \varepsilon_i \qquad (8\text{-}1)$$

$$\text{Lnelectricity}_i = \beta_1 \text{Lnincome}_i + \beta_2 \text{Lnincome}_i^2 + \beta_3 \text{Pop}_i + \beta_4 \text{Edu}_i + \beta_5 X_{ij} + \varepsilon_i \qquad (8\text{-}2)$$

在模型（8-1）和（8-2）中，i 表示每户居民家庭，$\beta_1 \sim \beta_5$ 表示影响系数，X_{ij} 为第 j 类设备的数量，ε_i 为与模型回归分析的残差项，其他变量的介绍与数据来源在表 8-1 中展示。

表 8-1　回归模型中变量介绍

变量名称	变量介绍	变量数据来源
Lnenergy	浙江省乡村居民家庭人均能源消费量（千克标准煤/人）	根据入户调查数据中家庭能源设备使用频率和频数进行核算，再根据家庭常住人口进行平均可得人均能源消费量
lnelectricity	浙江省乡村居民家庭人均电力消费量（千瓦时/人）	根据入户调查数据中家庭电力设备使用频率和频数进行核算，再根据家庭常住人口进行平均可得人均能源消费量
lnincome	浙江省乡村居民家庭总收入（元）	根据入户调查问卷的数据整理
Pop	浙江省乡村居民家庭常住人口数	根据入户调查问卷的数据整理
Edu	浙江省乡村居民家庭户主受教育年限	根据入户调查问卷的数据整理

8.1.2 回归结果

回归结果方面，得出结果如表 8-2 所示。将家庭能源消费量作为被解释变量时，各因素和用能设备的参数估计值如表 8-2 所示。

表 8-2 加入设备情况下对能源消费总量的影响

能源消费对数	（1）	（2）	（3）	（4）	（5）
人均收入对数	0.06*	1.82***		1.69***	
	(0.034)	(0.47)		(0.47)	
收入对数平方		-0.083***		-0.076***	
		(0.022)		(0.022)	
人均支出对数			2.85***		2.72***
			(0.49)		(0.48)
支出对数平方			-0.15***		-0.14***
			(0.025)		(0.025)
常住人口数	-0.38***	-0.39***	-0.43***	-0.34***	-0.39***
	(0.035)	(0.035)	(0.035)	(0.037)	(0.037)
户主受教育年限	0.0091	0.010	0.0042	0.015**	0.0096
	(0.0070)	(0.0070)	(0.0069)	(0.0074)	(0.0074)
常数项	4.49***	-4.79*	-8.34***	-4.58*	-8.05***
	(0.39)	(2.51)	(2.28)	(2.51)	(2.30)
炊事设备类型	控制	控制	控制	控制	控制
取暖设备类型	控制	控制	控制	控制	控制
其他家用电器类型	控制	控制	控制	控制	控制
地区固定效应	无	无	无	控制	控制
生产固定效应	无	无	无	控制	控制
样本数	844	844	844	844	844
调整 R^2	0.480	0.488	0.499	0.510	0.519

*. $p<0.1$，**. $p<0.05$，***. $p<0.01$

如表 8-2 所示，其中（1）列为收入仅以一次项的形式加入模型的回归结果，（2）列为同时加入一次项和二次项的回归结果，（4）列是在（2）的基础上进一步控制地区固定效应和乡村生产类型固定效应的回归结果，而（3）、（5）列分别是针对（2）、（4）用支出替代收入，进行稳健性检验的回归结果。

横向对比（1）、（2）、（4）列的回归结果，随着加入收入二次项和控制固定效应，可以发现模型的调整 R^2 上升，解释力有所增加，同时收入一次项的影响变得更为显著，在 0.01 的显著性水平下收入一次项显著为正，二次项显著为负，说明对于家庭来说，在其他条件不变的情况下，人均收入对人均能源消费量的影响存在拐点，在控制地区和家庭生产效应的情况下，即根据（4）列的结果，人均收入拐点约为 68 149 元，即在乡村家庭人均收入小于 68 149 元时，收入增长对人均能源消费的影响为正，且影响幅度逐渐下降，而人均收入大于 68 149 元时，收入增长对人居能源消费的影响为负。在家庭常住人口因素上，三个模型在 0.01 的显著性水平下为负，说明随着常住人口数增加 1 人，人均能源消费量约下降 38%，由于能源消费对人口存在规模效应，即对于每个家庭成员来说在取暖、乘凉和照明等方面的能源消费存在共同使用的部分，从而常住人口的增加会拉低家庭的人均能源消费量。而户主的受教育年限的影响，在（4）列的结果中最显著，显著性为 95%，且为正，推测背后的机制可能通过影响户主对用能设备的偏好从而影响能源消费。

接着对比（2）与（3）列，（4）与（5）列的回归结果，讨论模型的稳健性，可以发现当以人均支出替代人均收入进行回归时，模型显著性水平变化不大，其中教育的显著性水平下降，但仍保持正向的影响。同时人均支出对人均能源消费量的拐点为 15 036 元，为收入拐点的 22% 左右，这一方面是由于家庭的消费储蓄行为造成的，另一方面也有调研数据系统偏差的原因。整体来看模型稳健性较好，考虑到宏观方面浙江省乡村家庭经济数据的可获得性，后文的研究和预测将主要围绕第（4）列的回归结果展开，即采用收入衡量家庭经济水平，并且控制地区固定效应和乡村生产类型固定效应。最后根据第（4）列结果讨论各设备对能源消费总量的影响。

接下来关注各影响因素对家庭电力消费的影响，结果如表 8-3 所示。

表 8-3　加入设备情况下对电力消费量的影响

电力消费对数	（1）	（2）	（3）	（4）	（5）
人均收入对数	0.022 (0.036)	1.69*** (0.49)		1.69*** (0.48)	
收入对数平方		−0.079*** (0.023)		−0.075*** (0.023)	
人均支出对数			2.83*** (0.50)		2.83*** (0.49)
支出对数平方			−0.15*** (0.026)		−0.15*** (0.026)
常住人口数	−0.40*** (0.036)	−0.41*** (0.036)	−0.43*** (0.036)	−0.34*** (0.038)	−0.38*** (0.037)

电力消费对数	（1）	（2）	（3）	（4）	（5）
户主受教育年限	0.0039 (0.0073)	0.0050 (0.0072)	−0.0018 (0.0072)	0.021*** (0.0076)	0.014* (0.0076)
常数项	4.18*** (0.40)	−4.64* (2.61)	−9.19*** (2.36)	−4.95* (2.57)	−9.30*** (2.35)
炊事设备类型	控制	控制	控制	控制	控制
取暖设备类型	控制	控制	控制	控制	控制
其他家用电器类型	控制	控制	控制	控制	控制
地区固定效应	无	无	无	控制	控制
生产固定效应	无	无	无	控制	控制
样本数	844	844	844	844	844
调整 R^2	0.435	0.442	0.456	0.483	0.495

*. $p<0.1$, ***. $p<0.01$

类比能源消费总量的回归，将被解释变量换为乡村家庭常住人口人均电力消费标煤量的对数，其他解释变量保持一致。在表 8-3 中，（1）列为收入仅以一次项的形式加入模型的回归结果，（2）列为同时加入一次项和二次项的回归结果，（4）列是在（2）的基础上进一步控制地区固定效应和乡村生产类型固定效应的回归结果，而（3）、（5）列分别是针对（2）、（4）列用支出替代收入，进行稳健性检验的回归结果。

列对比（1）、（2）、（4）列可以发现，仅加入收入的一次项时其影响不显著，引入二次项之后，在 0.01 的显著性水平下，一次项系数为正，二次项系数为负，说明家庭收入对电力消费的影响也存在拐点，结合（3）、（5）列支出替代收入的稳健性检验，可得出常住人口人均收入的拐点为 75 609 元，在人均收入小于 75 609 元时，随着收入增长，人均电力消费逐渐增加，但增幅下降，当收入大于 75 609 元时，收入增长会降低人均电力消费量，而人均支出影响电力消费的拐点为 17 362 元，为收入拐点的 23% 左右，一方面是家庭储蓄消费行为造成，另一方面是调研系统偏差造成。此外 5 个模型的结果表示电力消费存在显著的规模效应，即常住人口数对人均电力消费的影响显著为负，即随着家庭规模增大，室内人口密度增加，电力消费的边际效应提升，冰箱、空调、电视机等电器设备作为室内的公共物品，可以同样的工作时长和功率满足更多家庭成员的需求，从而出现电力消费的规模效应。在受教育水平方面，仅模型（4）、（5）列的结果在 0.05 和 0.1 的显著性水平下显著为正，即户主受教育年限越长，越偏好使用电力，与预期相符。

接着关注电力消费中设备的影响，参考上文能源消费的讨论，以第（4）列模型结果为标准，即用收入衡量家庭经济水平，并控制地区固定效应和家庭生产类型固定效应。结果发现，柴火灶对电力消费的影响显著为负，即在炊事上，电力对薪柴有较强的替代性，而煤气灶的系数显著为正，主要因为家庭经常同时持有煤气灶和电炊事设备，两者之间存在一定的互补关系。此外电饭煲对电力消费的影响显著为正，符合经验。在取暖设备上，空调取暖和电暖器对电力消费的影响显著为正，其他非电取暖设备为负向，但不显著，同样符合经验，即取暖设备在不同能源类型之间能进行替代。在电器方面，冰箱、洗衣机、电视机的参数估计值在 0.01 的显著性水平下为正，空调的系数在 0.05 的显著性水平下为正，电子计算机的系数在 0.1 的显著性水平下为正，可以发现主要影响电力消费的冰箱、洗衣机和电视机属于经常使用的家用电器，而空调尽管功率高，但存在季节性，主要影响冬夏两季的电力消费。

图 8-2 为能源消费与电力消费模型（4）中的各设备的系数展示，可以看出各设备每增加 1 个单位，会增加能源消费与电力消费还是会减少能源消费与电力消费。其中，柴火灶、管道取暖、采暖火炉会增加能源消费而会减少电力消费；微波炉、抽油烟机、太阳能电池板会导致能源消费与电力消费的减少；电饭煲会减少能源消费而会增加电力消费；其他设备将会不同程度的对能源消费与电力消费产生同向影响。

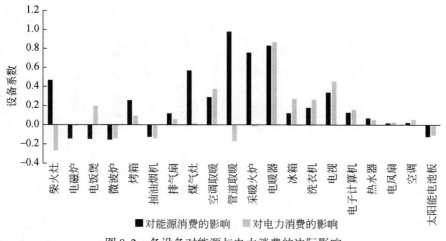

图 8-2　各设备对能源与电力消费的边际影响

综合能源消费总量和电力消费的模型与回归结果，考虑到模型的解释能力和情景模拟的可行性，结合浙江省统计年鉴的数据，本节的情景模拟将采用表 8-2 和表 8-3 的第（4）列模型进行预测和情景模拟。

8.2 多情景预测分析

8.2.1 收入情景分析

8.2.1.1 基础数据预测

模型分别对浙江省未来乡村居民家庭人均能源消费量与人均电力消费量进行预测，其中户主教育年限我们固定使用样本均值 10.88 年，其他变量数据根据浙江省乡村过去的数据进行确定。

浙江省乡村居民人均可支配收入增速近期有所放缓，根据图 8-3 所示，浙江省乡村居民家庭 2017 年人均可支配收入为 24 956 元，乡村人均可支配收入最高增速为 2013 年 20.2%，最低增速为 2009 年的 8.1%，2009～2017 年平均增速为 12%。本节将确定 3 类乡村人均可支配收入的增长率，分别为低增速 6%，中增速 8%，高增速 10%，并进行之后年度的人均可支配收入预测。

图 8-3 浙江省乡村居民人均可支配收入和增长率

数据来源：《浙江省统计年鉴》

对于常住人口数和人口总数，根据图 8-4，浙江省户均人口数近期保持平稳，在 3.12 左右波动，2013 年为 3.125，2014 年为 3.128，2015 年为 3.125，2016 年为 3.119，我们将户均人口数确定为 3.12。而对于人口总数的增长，2016 年乡村人口总数有小幅度的减少，为 3949 万人。在 2009～2016 年，人口增长率的平均数为 0.6%，因此我们将之后的人口增长率定为 0.6%，并进行之后人口总数的预测基础值。

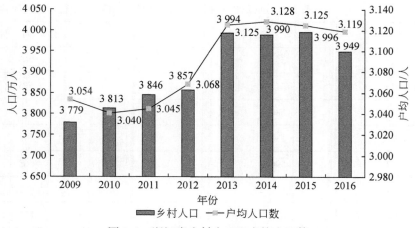

图 8-4　浙江省乡村人口和户均人口数

数据来源：《浙江省统计年鉴》

8.2.1.2　乡村家庭能源消费量预测

根据前文的模型分析结果，我们将以表 8-2 和表 8-3 中的第（4）列模型进行分析，以乡村居民的可支配收入，根据模型回归系数与暂定的增长率，可以对乡村家庭能源消费进行收入情景预测。

根据图 8-5 所示，随着收入的持续增长，电力消费仍保持增长趋势，未出现拐点。能源消费的平均增长率均为 1.2%，随着收入增长率的增加，初期能源消费的增长率也越大，而后期能源消费的增长率越小。到 2025 年浙江省乡村居民能源消费预测为 625 万 ~635 万吨标准煤（表 8-4）。

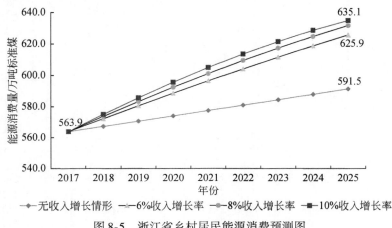

图 8-5　浙江省乡村居民能源消费预测图

表 8-4   浙江省乡村居民能源消费预测值   单位：万吨标准煤

年份	6%收入增长率	8%收入增长率	10%收入增长率
2017	563.9	563.9	563.9
2018	572.3	573.8	575.1
2019	580.6	583.3	585.7
2020	588.7	592.5	595.7
2021	596.6	601.2	605.1
2022	604.2	609.6	613.7
2023	611.7	617.5	621.6
2024	618.9	624.9	628.8
2025	625.9	631.9	635.1

8.2.1.3   乡村家庭电力消费量预测

如图8-6和表8-5所示，随着收入的持续增长，电力消费仍保持增长趋势，未出现拐点。电力消费的平均增长率均为1.3%，高于能源消费的增长率随着收入增长率的增加，初期能源消费的增长率也越大，而后期能源消费的增长率越小。到2025年浙江省乡村居民电力消费预测为302亿~308亿千瓦时。

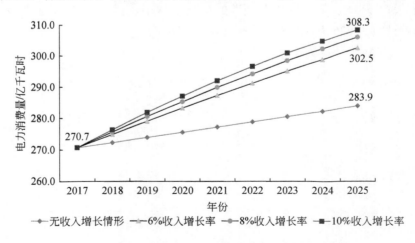

图 8-6   浙江省乡村居民电力消费预测图

表 8-5 浙江省乡村居民电力消费预测值　　　　单位：亿千瓦时

年份	6% 收入增长率	8% 收入增长率	10% 收入增长率
2017	270.7	270.7	270.7
2018	274.9	275.7	276.4
2019	279.1	280.6	281.9
2020	283.3	285.3	287.1
2021	287.3	289.9	292.0
2022	291.2	294.2	296.6
2023	295.1	298.4	300.9
2024	298.8	302.3	304.8
2025	302.5	306.0	308.3

　　根据图 8-7 所示，随着收入的增加，电力消费占能源消费的比例将逐年上升。而收入增长越快的情景下，电力消费占能源消费的比例增长速率也越快。到 2025 年，浙江省乡村居民电力消费占能源消费比例为 59.4%~59.7%。6% 收入增长率情景下，占比 59.4%；8% 收入增长率情景下占比为 59.5%；10% 收入增长率情景下占比为 59.7%。

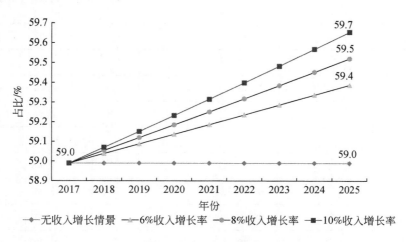

图 8-7 浙江省乡村居民电力消费占能源消费比例

8.2.2 设备替换情景分析

8.2.2.1 情景构建

为了构建浙江省乡村的设备替换情景，我们在采用调研数据和年鉴数据的同时，参考了调研问卷中 F13 问题"当收入增加 10% 时，您是否会增加或减少目前设备的使用"，其中的分支问题包括是否会增加数量、是否会增加功率、是否增加使用频率和是否会更换为用电设备，本节以此为出发点，构建设备替换情景下家庭的设备使用情况。若样本家庭对是否更换为用电设备问题的回答为"是"，则设备替换情景下将该设备数量减 1，若样本家庭对是否增加设备数量问题的回答为"是"，增设备替换情景下该设备数量加 1。最后整理出设备替换情景下，模型中主要设备的家庭使用比例如表 8-6 所示，而家庭各设备的户均数量如图 8-8 所示。

表 8-6 设备替换情景下持有各设备的家庭比例　　　　　单位:%

设备名称	样本中持有该设备的家庭比例	设备替换情景下的家庭比例
柴火灶	13.98	16.23
电磁炉	6.52	19.31
电饭煲	72.04	78.32
微波炉	17.06	27.73
烤箱	1.42	13.03
煤气灶	45.73	38.51
空调取暖	25.71	44.19
采暖火炉	5.09	8.53
电暖器	0.71	11.85
冰箱	87.91	89.34
洗衣机	66.59	73.34
电视机	88.63	91.47
电子计算机	17.30	28.20
热水器	56.28	65.40

设备名称	样本中持有该设备的家庭比例	设备替换情景下的家庭比例
空调	73.82	78.44
电风扇	74.41	81.64

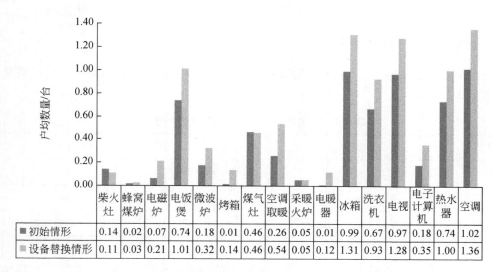

	柴火灶	蜂窝煤炉	电磁炉	电饭煲	微波炉	烤箱	煤气灶	空调取暖	采暖火炉	电暖器	冰箱	洗衣机	电视	电子计算机	热水器	空调
■初始情形	0.14	0.02	0.07	0.74	0.18	0.01	0.46	0.26	0.05	0.01	0.99	0.67	0.97	0.18	0.74	1.02
设备替换情形	0.11	0.03	0.21	1.01	0.32	0.14	0.46	0.54	0.05	0.12	1.31	0.93	1.28	0.35	1.00	1.36

图 8-8　设备替换情景下持有各设备的家庭户均数量

横向对比每个设备在实际调研中和设备替换情景下的家庭使用比例，可以发现，柴火灶的使用比例有所上升，这主要是新增的使用柴火灶的家庭数量大于从柴火灶完全转换为电炊事设备和燃气设备的家庭数量；家庭使用电磁炉的比例上升较大，增加了 12.79%，电饭煲增加了 6.28%，微波炉增加了 10.67%，烤箱增加了 11.61%，而煤气灶的使用比例下降了 7.22%，出现了设备替代。在设备替换情景下，使用比例最高的仍是电饭煲，其次是煤气灶，之后是微波炉。在取暖方面，空调取暖和电暖器的比例上升较大，分别是 18.48% 和 11.14%，而采暖火炉仅上升了 3.44%，可以发现取暖设备的能源转换较为明显。在家用电器方面，冰箱、电视机、电子计算机、热水器、空调和电风扇的使用比例均有所上升。

由之前的回归结果（图 8-2）可知，柴火灶的增加会提高能源消费，降低电力消费量，而电磁炉则主要通过提高能源效率降低能源消费，电饭煲则主要提高电力消费量，微波炉的使用会降低电力消费和能源消费，而煤气灶则对总能源消费的影响显著大于对电力消费的影响。结合设备替换情景中电饭煲使用比例较高，其次是煤气灶，初步判断炊事方面能源消费总量和电力消费都有所增长。在取暖方面，空调取暖和电暖器对电力消费的影响都大于对能源消费总量的影响，即会出现电能替代其他能源的情况，而设备替换情景下，这两种设备的变化较大，所以可以判断出，取暖方面电力消费的上升幅度将大于能源消费总量的上升幅度。最后在家用电器方面，基本所有电器对电力的影响大于对总量的影响，其设备替换情景的结论和取暖方面基本一致。综合来说，设备替换下，伴随着整体能源消费量的上升，电力消费的增速更快，使得电力消费占比出现明显提升。

8.2.2.2 预测结果

综合上述讨论，用模型预测出的设备替换情景下能源消费总量和电力消费量如表 8-7 所示。

表 8-7　各情景下能源和电力消费量的预测值

情景	无设备替换	有设备替换
变量	均值	均值
乡村家庭能源消费量（万吨标准煤）	563.9	776.4
乡村家庭电力消费量（万吨标准煤）	332.7	509.2

可以发现，设备替换情景下乡村家庭能源消费总量将会提高约 213 万吨标准煤，增长幅度为 38%，而乡村家庭电力消费总量将会提高约 177 万吨标准煤，增长幅度为 53%，而且设备替换情景下，电力消费占比会从 59% 上升到 65.6%，占比提高约 16%。但是设备替换不是瞬时发生的，而是需要较长时间的转型，包括乡村经济发展、政策推动、设备升级与转换和居民接受等各个方面共同推进。所以本节最后将结合浙江乡村经济增长，人口增长和设备替换，对未来乡村能源消费和电力消费的发展趋势进行初步判断。

根据《2017 浙江省统计年鉴》，考虑到 2012～2016 年浙江省乡村人均可支配收入的年平均增长率为 7.8%，居民消费价格指数的年平均增长率为 2%，乡村常住人口数年平均增长率为 0.6%，在预测时，我们假设未来浙江省乡村人均实际收入水平增长率为 8%，常住人口增长率为 0.6%，并在 2030 年完全完成设备替换，需要注意的是下面构建的对照情景和前文中的增长情景不同，前文增长情景的模型中没有加入设备因素，说明其增长情景中一定程度考虑了设备导致的电能替代，但不够全面，而下文构建的对照情景采用的模型加入了设备因素，通过控制该因素保持不变，从而构建仅有收入和人口增长的对照情景，主要目的是为了和设备替换情景进行对比。最终得到的预测结果如图 8-9～图 8-11 所示。

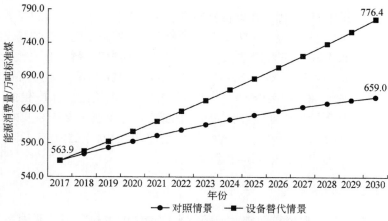

图 8-9　浙江省乡村居民能源消费预测图

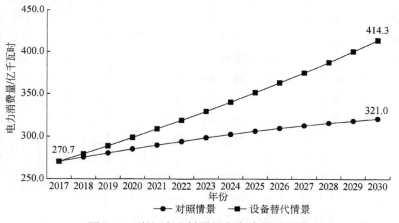

图 8-10　浙江省乡村居民电力消费预测图

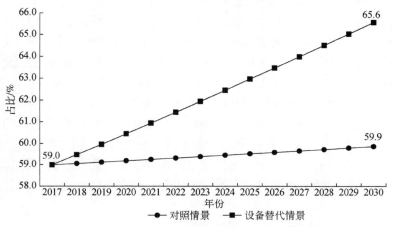

图 8-11　浙江省乡村居民电力消费占能源消费比例

由上述三张图可以看出，在设备替换情景（包含收入增长、人口增长和设备替换）下，乡村能源消费总量、电力消费总量和电力消费占比的增速均高于对照情景（无设备替换，仅有收入和人口增长）下的增速，其中对照情景下，乡村能源消费总量的年平均增速为1.2%，2030年达到659万吨标准煤，电力消费总量的年平均增速为1.3%，2030年达到321亿千瓦时，电力消费占比保持在59%~60%。而在设备替换情景下，乡村能源消费总量的年平均增速为2.5%，2030年达到776.4万吨标准煤，电力消费总量的年平均增速为3.3%，2030年达到414.3亿千瓦时，电力消费占比在2030年预测能达到65.6%。

8.2.2.3 设备替换结合光伏发电

在上述的设备替换情景基础上，接下来讨论影响乡村家庭能源消费的最后一个特征——能源可获得性。由于调研中关于能源可获得性的直接问题较少，依据第7章的分析，能够度量能源可获得性的变量有：户主是否务农，用来间接衡量家庭对秸秆与薪柴的可获得性；家庭是否安装太阳能电池板，用来衡量家庭对太阳能的可获得性；此外由于样本群体中使用煤炭的家庭较少，一定程度上可以用家庭使用蜂窝煤炉的频率，来间接衡量家庭对煤炭的可获得性。其中由设备替换导致的能源结构转变已在上文讨论，而是否务农这一因素不适合构建情景，因为以此构造出的浙江省乡村劳动力务农情景，主要是反映乡村的劳动力结构转变，而非能源可获得性。所以可获得性这一因素会落脚在家庭是否安装太阳能电池板上，以此构建的情景则为屋顶光伏普及情况，但由于样本中安装屋顶光伏的家庭较少，使得结果不显著，由于延伸出的情景预测可靠性不高。所以接下来仅考虑浙江省能源发展"十三五"规划下屋顶光伏建设预期的效果。

根据《浙江省能源发展"十三五"规划》，到2020年，浙江省将力争建成100万户、300万千瓦家庭屋顶光伏。若浙江省常住人口数增长率为0.6%，到2020年，常住人口总数预计达到约5 725万人，根据调研数据，假设平均每户家庭常住人口数为2.3人，则2020年城乡居民整体的屋顶光伏普及率约为4%。因为屋顶光伏建设工作重点落在乡村地区，助推光伏扶贫和美丽乡村建设等政策的开展，则对于乡村地区，到2020年预计屋顶光伏普及率达到10%。由前文的模型可知，安装屋顶光伏能缓解家庭约15%的用电需求，那么结合设备替换情景，可知2025年预计屋顶光伏可缓解1.5%的乡村居民总生活用电需求，约6亿千瓦时，差不多为24万户乡村家庭全年的用电量。可见屋顶光伏能一定程度上缓解用电压力，未来随着技术进步，光伏发电的效率逐渐提高，根据不同地区的光照条件、房屋结构和经济水平来推广屋顶光伏会带来更多的收益。

8.3 本章小结

本章通过 2017 年浙江省入户调查数据，结合乡村的实际情况，提取出人均收入特征、人均生活支出特征、家庭常住人口、户主教育年限等影响家庭能源消费的特征。使用多元线性回归方法对这些特征进行回归分析，并设定不同的增长率情况对家庭能源消费额未来趋势进行多情景趋势研判。

在收入情景分析中，将人口的年增长率设定为 2008～2016 年的平均值 0.6%，将人均收入设定了低增长率 6%、中增长率 8% 和高增长率 10% 的三种情景，以三种情景分析浙江省乡村未来家庭能源消费的趋势。预计到 2025 年，浙江省乡村家庭能源消费量为 626～635 吨千克标准煤；浙江省乡村家庭电力消费量为 303 亿～308 亿千瓦时。

在设备替换情景分析中，将原预测模型进行扩充，加入各类设备变量，并根据调研中主观部分的问题设定了设备替换情景下各类设备的使用比例，考虑乡村常住人口年增长率为 0.6%，家庭人均收入增长率为 6%，并在 2030 年完成设备替换，则乡村电力消费需求的增速将会保持在 3.3% 左右，同时能源需求总量会以 2.5% 的速度增长，这意味着乡村能源结构方面电力占比在逐步提升，并在某些用途上替代其他能源。预计到 2030 年，乡村能源消费总量将达 776.4 万吨标准煤，电力消费总量将达 414.3 亿千瓦时，电力消费占比上升到 65.6%。这意味着浙江应当进一步完善乡村电力设施建设，在保证本省发电量和外省调入量的同时，科学地利用乡村自然资源优势，丰富发电结构，推动乡村生物质能、地热能、风能和太阳能等清洁能源的发展，尤其是太阳能光伏发电的发展，以满足未来浙江省乡村居民对能源的需求。

第9章 乡村家庭能源消费优化提升设想

2018年初,"中央一号文件"——《中共中央国务院关于实施乡村振兴战略的意见》明确了"产业兴旺、生态宜居、乡风文明、治理有效、生活富裕"的乡村建设总要求。在9月份,中共中央国务院接着印发了《乡村振兴战略规划(2018-2022年)》(以下称《乡村振兴战略》),从中央层面进一步明确了实施乡村振兴的目标。《乡村振兴战略》在"保障和改善农村民生"篇明确提出要"构建农村现代能源体系",这从根本上确定了乡村能源发展的目标与方向。

具体来说,"农村现代能源体系"包括以下内容:优化农村能源供给结构,大力发展太阳能、浅层地热能、生物质能等,因地制宜开发利用水能和风能。完善农村能源基础设施网络,加快新一轮农村电网升级改造,推动供气设施向农村延伸。加快推进生物质热电联产、生物质供热、规模化生物质天然气和规模化大型沼气等燃料清洁化工程。推进农村能源消费升级,大幅提高电能在农村能源消费中的比重,加快实施北方农村地区冬季清洁取暖,积极稳妥推进散煤替代。推广农村绿色节能建筑和农用节能技术、产品。大力发展"互联网+"智慧能源,探索建设农村能源革命示范区。除此之外,《乡村振兴战略》还对农村能源基础设施建设提出了要求:因地制宜建设农村分布式清洁能源网络,开展分布式能源系统示范项目。开展农村可再生能源千村示范。启动农村燃气基础设施建设,扩大清洁气体燃料利用规模。农村电网供电可靠率达到99.8%,综合电压合格率达到97.9%,户均配置容量不低于2千伏安,天然气基础设施覆盖面和通达度显著提高。

立足浙江省情,本章节将聚焦"农村现代能源体系"这个目标,根据发达地区乡村能源发展经验以及本书主要发现,提出浙江省的乡村能源发展目标,并尝试性地提出一些初步意见以供探讨。

9.1 发达国家与地区经验借鉴

浙江省处于东南沿海地区,是改革开放最早的省份之一,其乡村发展更是领先全国,浙江启动美丽乡村建设已有15年,在"千村示范、万村整治"工程的引领下,迄今为止,已实现了人居环境的全面跃迁。乡村能源发展提升是乡村环境改善的重要方面,与全国平均水平相比,浙江省乡村居民人均收入较高,家庭电器拥有量领先其他省份，电力更是在其生活能源消费中占比达到57%，能源清洁化程度高。基于此，国内其他地区难以找到可供浙江乡村借鉴的能源发展路径。在这种情况下，可以将眼光投向国外先进地区，研究发达国家农村能源发展历程，以应用于浙江乡村能源优化提升。研究发现，欧盟、美国的农村资源条件以及社会经济条件发展历程与浙江较为相近，通过研究分析其农村能源的战略、产业和技术，可以提炼出适合浙江省农村能源发展的经验策略。

9.1.1 欧盟国家农村能源发展经验

欧盟国家普遍经济发达，人民收入水平高，对能源需求量大，但另一方面，欧盟的传统化石能源极其匮乏。根据《BP 统计年鉴 2018》，2017 年欧洲石油储量占世界储量的 0.8%，产量占世界总产量的不足 5%，但其消费量占比却达到了 15% 左右；天然气储量仅占世界储量的 1.5%，2017 生产量约为 250 亿立方米，消费量却达到了生产量的 2 倍；欧洲煤炭储量和产量也较少，其煤炭储量仅占世界储量的 1.4%，2017 年消费缺口超过 1 亿吨标准油当量。基于此，欧盟国家的乡村能源发展着重解决两个问题：一是能源供应，二是与能源供应结构相适应的能源基础设施建设。欧盟国家采取的做法是：加大研发等资金投入以支持以分布式为主的可再生能源的发展，鼓励对生物质能等的清洁高效利用，并注重电网建设，向智能电网迈进。

（1）补贴农村居民用电，促进电力消费比重提升

欧盟国家传统化石能源匮乏，价格高昂，因此，为了节省用能成本，农村居民往往会选择使用部分生物质能源，如法国农村消耗的能源主要通过燃烧薪柴、煤炭、动物粪便和生活垃圾等产生，这种能源使用方式不仅效率低，而且排放高，对环境危害性较大。为了实现对这种低效率用能方式的替代，同时又不增加对石油、天然气的依赖性，政府通过用电补贴等方式鼓励农村地区实施电能替代。如今，电能已成为法国农村中取暖、做饭的首选能源。例如，在法国西部波尔多附近的村庄，许多农民的生活燃料就已经不再是传统的薪柴和牛粪了。

（2）着力发展可再生能源，保障能源供应

由于传统能源资源匮乏，欧盟为了解决能源供应问题，将方向瞄准了可再生能源。2008 年，欧盟通过《可再生能源指令》，提出可再生能源"20-20-20"的战略目标：到 2020 年温室气体排放量比 1990 年减少 20%；可再生能源占总能源消费的比例提高到 20%；能源利用效率提高 20%。欧盟主要通过加大新能源技术研发投入以支持能源发展战略，欧盟各国纷纷把发展新兴产业和鼓励能源科技创新作为重要的国家发展战略，并加大能源科技领域的研发投入。根据《BP 能源统计年鉴 2018》，2017 年，欧洲各国总用电量达到 3901.3 亿千瓦时，其中

来自于可再生能源的电力为 715.1 亿千瓦时，约占总发电量的 18.3%，接近 20% 的战略目标。

欧盟农村可再生能源以中小型分布式为主，这与美国农村以大规模水力发电为主的特点不同，欧盟农村水能资源没有美国丰富，但拥有较为丰富的风能和太阳能，且居民居住相对较为分散，因此，发展中小型分布式可再生能源更符合其实际情况。

（3）实施电网覆盖，注重电网绿色化升级

为了提升电力在农村居民终端能源消费中的比例，提高电网的覆盖面是前提，法国政府为了实现农村地区电力对薪柴的替代，首先建设了覆盖面更广的农村电网。除了电网覆盖工程外，欧盟还非常注重智能电网的研究示范与电网设计的超前意识。为了适应大量分布式可再生能源接入带来的对电网的冲击，欧盟更加注重与可再生能源发展相适应的电网的绿色化升级与智能化升级，力求建设一个高度稳定、高度智能化、具备灵活性的强大电网。德国在这方面走在了欧盟的前列，德国化石能源发电设计运营具有很大的灵活性，根据电力需求的竞价上网结果，常规电厂可以在瞬间提升或降低发电能力，且电网能够稳定承受电压负荷的瞬间变化，因此，即使接入了大量的可再生能源，德国仍然是停电时间最短的欧盟国家。

（4）注重建设生物质能源产业体系

除了发展分布式可再生能源之外，欧盟政府还支持农村发展生物质能源，力求建设农村生物质能源体系。比如法国通过实施生物能源战略计划，从而使法国成为欧洲液体生物燃料的第一生产大国。扩大能源型作物种植，既解决农业种植面积过剩问题，又可实现能源来源多样化。法国农村用于种植生产液体生物燃料作物的农田面积达到 100 万公顷。法国政府还出台了一系列措施，鼓励并推动生物燃料和其他可再生燃料在交通运输中的使用，逐步提高生物燃料的消费比率。

9.1.2 美国农村能源发展经验

美国有 3 亿多的人口，其中居住在农村地区的人口仅占 2% 左右，直接从事农业生产的人更是不足 1%，由于美国地域辽阔，因此，农业组织大多为农场等规模化经营方式，且农民人均收入高，城乡差异较小。美国公路系统发达，汽车是居民出行最主要的交通工具，2017 年，美国汽车保有量为 2.5 亿辆，遥遥领先世界第二的中国。另一方面，美国煤炭、石油、常规气、非常规气等化石能源种类繁多且储量丰富，根据《BP 统计年鉴 2018》，美国煤炭探明储量占世界储量的 24.2%，石油探明储量为 60 亿吨，占世界总储量的 2.9%，天然气探明储量占世界总储量的 4.5%。规模化机械生产、以汽车为主的出行方式、高收入下的高度电气化以及丰富的能源资源共同造就了现今美国农村以燃油和电力为主的能源消费结构。基于以上特点，美国农村能源革命的核心在于能源清洁化和降低排放。也可以说美国能源革命的本质就是低碳发展。

（1）注重提高能效

2014年5月美国白宫发布的《全面能源战略》指出2013年美国二氧化碳排放量已经比2007年峰值降低了近10%，该战略的重大意义在于提出了美国未来低碳发展的重要领域和重要举措。首先，该战略提出要提高能效，出台了一系列的能效提升计划。2012年，美国出台的汽车能耗标准规定在2025年前要将轻型汽车的燃油经济性比2010年提高1倍，2018年前将中型以及重型车能效提升10%~20%，除此之外，还有很多关于建筑、电器等方面的能效提升计划。在农村能效提升方面，2016年，美国农业部宣布投资超过3亿美元支持农村小型企业主开展可再生能源和提高能效项目，目的是帮助农村地区通过利用生物质能、地热能、水力发电、太阳能、供暖节能、通风与空调节能与照明节能等提升能源使用效率。

（2）重视发挥清洁能源的核心作用。

美国天然气资源丰富，探明储量占世界总储量的4.5%，2017年天然气产量为全世界总产量的20.0%，同时，美国天然气消费量比例也达到全球总消费量的20.1%，天然气发电为第一大电源，占总发电量的31.9%。天然气在发电领域的大量使用对二氧化碳减排贡献巨大，2005~2013年，美国近一半二氧化碳减排量来自天然气发电、风电以及太阳能光伏发电等对燃煤发电的替代。在自然条件允许的农村，美国政府注重建设天然气管道等配套能源基础设施的建设，大幅提高农村地区的天然气通气率，保障了农村地区居民有气可用。

（3）大力支持可再生能源发展

《全面能源战略》还支持可再生能源、核电以及清洁煤技术发展。可再生能源方面，美国联邦政府出台了包括生产税抵免在内的一系列财税支持政策，加大对可再生能源以及核电、清洁煤技术研发和能源基础设施的资金投入，力图充分利用市场机制和竞争，促进可再生能源发展和技术进步。具体的，美国农业部承担了407亿美元的农村经济复苏法案资金，协助农村水、电、废弃物处理等基础设施建设，以及为替代能源开发提供资金和技术支持等。美国农业法重申了可再生能源的重要性，鼓励消费者购买可再生能源。根据农业生产组织形式的特点，美国政府向农民、牧场主提供贷款和补助，鼓励购买再生能源系统，提高能源效率，并根据需要划拨经费用于支持开发和建立生物提炼厂，将生物质能转变为清洁能源。

在部分风力资源丰富的农村地区，美国政府鼓励发展风电农业，通过安装补贴等方式促进农场主选择使用风电供能，将风力发电接入农场能源系统不仅节约了农场主的能源成本，而且能够实现能源消费结构的清洁化。

9.1.3　对浙江省农村能源发展的启示

第5章的分析指出，浙江省传统化石能源资源十分匮乏，但风能、太阳能、生物质能、地热能等新能源却广泛分布，且电力在乡村居民生活能源消费中占主体地位，因此，一方面，浙江省乡村能源发展需要使得能源供应能够满足日益增长的能源需求，尤其是电力需求；另一方面，根据《乡村振兴战略》提出的农村现代能源体系要求，需要进一步推动乡村能源消费的高效化、绿色化与智能化。

从欧盟和美国的乡村能源发展经验来看，发展分布式可再生能源与生物质能的规模化利用是解决能源供应和污染性能源替代的有效方法，但要以强大稳定的乡村电网为前提，这就要求对农村电网进行新一轮的更新改造。除此之外，要从能效提升、清洁能源替代等方面降低生活用能带来的污染和排放，逐步向低碳乡村发展之路迈进。

9.2　乡村智慧能源体系设想

发达国家的乡村能源发展经验为浙江省建立农村现代能源体系提供了借鉴。浙江省人均能源消费量以及人均碳排放量均较高，在严格的环境约束以及《乡村振兴战略》和建设"两美"浙江要求下，乡村生活用能低碳转型成为客观要求。一方面，目前乡村能源需求尚未饱和，低收入群体的能源消费量仍然存在较大增长空间，这种情况下，发达国家及地区采取的战略是因地制宜发展分布式可再生能源以及生物质能等多种能源形式，在满足消费侧新需求的同时，降低供给侧的碳排放。多元化的能源供给体系是美国、德国乡村能源安全的重要保障，浙江也面临着电力缺口日益扩大，乡村能源供给不够丰富的问题，这就需要从可再生能源以及管道气等能源形式发力，完善和丰富乡村能源供给体系。另一方面，浙江省的能源基础设施仍然有待完善，如电动汽车充电桩的缺乏已经成为最主要的电动汽车推广障碍。乡村能源价格市场化程度仍然不高，供给侧与需求侧之间的反馈机制不够高效，能源互联化智能化尚处于起步阶段，也就是说，距离乡村振兴下的农村现代能源体系依然存在较大差距。

基于以上情况，我们提出：应建设乡村综合智慧能源体系。乡村综合智慧能源体系以村级或者镇级作为固定的用能区，在能源供给侧，打破各种能源单独规划、单独运行的传统模式，因地制宜，充分利用当地资源条件的同时，规划多种能源形式，通过智能化的控制中心实现不同能源之间的横向协同。另外，智能化的控制中心还要能够有效实现"源—网—荷—储"能源供应环节之间的纵向协调，形成高效准确的双向反馈机制。在能源消费侧，相比传统模式下的单一能源消费选择，消费者拥有更多的选择权，不仅能够选择购买能源的时间、数量、方式，还能够选择多种类型的能源增值服务，有利于用户优化用能行为，在能源需求不变的情况下，降低能源支出。总的来说，该能源体系主要有如下特点：综合协调、智能高效、市场主导、就地平衡、绿色低碳。

9.2.1 综合协调

综合协调有两大内涵：多种能源统一规划发展，横向协同；各能源供应环节之间纵向协调，反馈高效。

多种能源形式的横向协调是保障能源供应，提高供能效率的重要方面。随着《乡村振兴战略》的不断推进，乡村产业形态的进一步升级，浙江省乡村对于能源品种的需求将是多方位的，电、冷、热、水、气等都将成为基本需求。农村现代能源体系要求农村能源消费再升级，其关键在于进一步提高电能的比例，而横向协同要求不同能源品种之间实现高度融合，因此，电力的开发需要与其他能源品种协同推进。目前，浙江省乡村电气化工作目前已取得显著成效，乡村居民家庭电力消费占比达到57%，位于全国各省前列，但仍存在能源消费结构的不平衡问题。根据第6章对于浙江省乡村居民用能特征的描述分析，低收入群体及山区、海岛的居民仍在消费相当数量的薪柴和木炭，而且产业活动仍然在使用一定数量的柴油，这些低效高污染能源的大量使用对乡村生态环境存在较大威胁。为了进一步提高电能的消费比例，在部分地区的农村继续电力开发是十分必要的，但同时也面临着开发潜力和开发成本的约束。在这种情况下，为了提高居民用能品质，可以考虑推进生物质热电联产、生物质供热、冷热电三联供等工程。为了实现多种供能方式的一体化，在项目规划建设阶段，需要同时考虑能源生产、能源输送、能源接收三个环节的协同。在能源生产环节，主要是资源的最大化利用，提高联产的效率；在能源输送环节，主要是不同能源形式输送通道的结合与互补，综合能源管廊的建设是十分必要的；在能源接收环节，主要是建设公共能源接收站，实现其规模化利用。

纵向协调的核心在于建立不同能源供应环节之间的高效反馈机制，"源—网—荷—储"四个环节之间的纵向协调将大大提高能源系统的运行效率。能源生产端出力变化进而改变能源供给，这种变化将及时传递到负荷端，若能源供给增加，此时，价格将出现下降，用户端对价格迅速做出反应，启动储能设施，以较低的价格将多余的能源储存起来，维持供需平衡；相反，若电源端出力减少，则价格上升，用户端出于用能成本的控制，对价格变化的反应将是释放储存能源，仍然保持供需两端的平衡。除了自上而下的反馈，也存在自下而上的反馈机制。储能设施的运行情况以及用户需求的变化都将在第一时间传导至能源供给端，在价格机制的作用下，能源生产迅速调整，从而实现供需之间的平衡。

9.2.2 智能高效

智能高效主要是指应用云计算等现代信息技术，建设智能控制中心，实现能源系统各环节、全流程的优化计算和可视可控。用户端以家庭用能设备的智能化为基础，全面实现家庭用能的遥控化和可视化，最终达到多维度优化配置能源要素的目标，提升能源系统的效率。

乡村综合智慧能源体系下，电力仍然是主要能源品种，因此，新一轮的农村电网智能化改造是重点。农村电网改造升级的目标是建设智能电网，即通过互联网及电力设备的技术升级实现电网的可靠、安全、经济、高效、双向、环境友好和使用安全的目标。智能电网利用大数据、云计算等技术，对各个关键输配电节点的电压、电力流向等指标进行自动分析，并据此进行电力调度优化以及电力供需调节。综合能源系统不仅包括电网，也包括气、冷、热等能源输配、接收设施，所以，一个全覆盖的高效智能服务平台是必需的，该平台将能源站点控制系统、风电集控系统、电网调度自动化系统、光伏监控系统、变电站监控系统、热力管网、供气管网、供水管网监控系统等的信息和数据统一采集接入，将各种能源介质的能量流网络、信息流网络、物质流网络融为一体，通过控制中心的最优调度和分配，实现"电、热、冷、气、水"等多能流能量最优管控和"源—网—荷—储"互动，提升能源综合利用效率。

在用户端，能源设备将基本实现智能化，以家庭为单位的建筑智能能源管理系统将初步建立。该系统将主要包含现场设备层、数据通信层、应用管理层，现场设备层主要由智能电表、分布式能源设备、用电设备组成。数据通信层的功能主要是将采集到的现场数据及环境信息安全可靠地传输至应用管理层，而管理平台可以对电能使用以及环境进行精细化分析，实现需求侧负荷优化控制以及多类型能源的高效调度。通过该系统的建设和推广，可以实现智能电网中的节能减排、高效用能以及削峰填谷等。对于用户自身来说，该系统的建立将实现家庭各项能源消费的可视化与智能化，形成包括智慧厨房、智慧洗衣等在内的末端智能化系统，大大提高居民的能源消费体验。

9.2.3 市场主导

让市场发挥资源配置的主导作用是综合能源体系的重要内容，其本质在于实现能源价格的市场化，使得能源价格真实反映不同能源之间的价值替代关系。实现能源价格市场化，就是要让能源品的价格充分反映能源供需关系、输配成本、负外部性以及能源政策、社会政策和税收政策导向，促进各种能源品公平竞争。

在乡村综合智慧能源体系下，现行各类能源之间竞争力的扭曲将得到根本改善，可再生能源的市场吸引力大大提高，从而为可再生能源进入乡村居民家庭提供保障。例如，在用电高峰期，居民自家的用电行为可以迅速反应，通过节省自身用电，将更多的分布式光伏发电用于上网出售，增加收益。乡村能源价格市场化与能源结构转型是密不可分的，真正的市场化价格有助于提高生物质能、可再生能源、热电联产等的优势，从根本上增加居民选择清洁能源的动力。

9.2.4　就地平衡

就地平衡的内涵在于最大限度消纳本地区的清洁能源，不足部分外调，实现清洁能源的就地平衡。就地平衡的关键在于因地制宜，应依据区域内能源需求和能源供应的特点，结合总体布局，最大限度利用区域内规划的集中式以及分布式清洁能源，从能源的可供性和乡村环境的承载能力综合分析，优化能源结构，保障乡村能源生产供应的可持续发展。

浙江省乡村风能、太阳能、生物质能、地热能等分布广泛，具有发展分布式能源的良好基础。沿海地区风能资源丰富，可谋划建设大中型的风电基地，山区及内陆风电开发成本高，可选择铺开分布式光伏电站。另外，在浙江全省范围内推广地热能及生物质能的高效利用，最终形成以大中型沿海风电基地、内陆及山区分布式光伏、地源热泵+电力混合供能模式。

9.2.5　绿色低碳

绿色低碳是指以提升能效、降低排放为目标，通过优先开发清洁能源和需求侧管理，在能源供给端、消费端彻底实现绿色低碳发展。在能源供给侧，能源技术的革新使得以可再生能源为主的清洁能源开发成本不断降低，边际成本优势越来越明显，市场竞争力逐渐增强，在能源价格市场化的推动下，清洁能源在供给侧的比例将不断升高。除此之外，综合能源体系中对多种能源形式的一体化设计和建设，能够有效将废水、废气、废热等重新回收，转化为其他形式的能源，进而降低整个能源系统的污染和排放。在用户侧，伴随着智慧厨房、智能洗衣等的不断推广，家庭用能效率将明显提高，高排放、低效率的用能设备则逐渐被淘汰，因此，在同样的生活条件下，对能源的衍生需求将降低，从而减少碳排放。

能源供给侧的低碳化也对电网等能源输送通道提出了更高的要求。当电源结构中可再生能源的比例上升时，由于可再生能源本身对于自然条件的依赖而产生的不确定性将给电网系统带来一定冲击。相比于城市电网，农村电网本就较为脆弱，为了适应可再生能源的大量接入，有必要加快且要加深新一轮农网改造，增强电网的稳定性，实现电网的绿色化升级。可以说，绿色低碳的综合能源体系是全方位的绿色和低碳，需要各个环节、各个层面之间的完美协调。

9.3 乡村智慧能源体系建设思路

具备浙江特色的乡村智慧能源体系内涵丰富，需要从现在开始，多措并举，持久推进。本书试图提出一些比较客观的看法，希望能够对该能源体系的建设有所帮助。

9.3.1 全面推进能源价格市场化

全面推进能源价格市场化是建设乡村综合智慧能源体系的基础，原因在于让价格充分反映成本才能够保证可再生能源的竞争力，正确引导居民用能行为，全面提升用能效率，而各能源品种之间也能够通过价格信息实现协同高效。为加快能源价格市场化改革，健全价格监管体系，使价格充分反映市场供求关系、资源稀缺程度，加快环境损害成本内部化，增强价格反应灵活性供求、价格机制真正引导资源配置，完善价格形成机制十分必要。

具体来说，能源价格市场化路径主要包括：①让市场发挥作用，加强预期管理。要放弃政府对上游的市场干预，保持上游市场的竞争性，要让市场起作用就是要让价格波动，因而要减少对电煤市场、天然气上游市场和石油上游市场的干预。②科学处理"保民生"与"还原能源商品属性"之间的关系。相关部门要把握好改革方案出台的时机和力度，改进"保民生"的方式，注重将其与工资、社会救助和社会保障等标准调整相结合，把用能成本引入到低保中，进一步改革交叉补贴，还原能源品的商品属性。③完善能源补贴机制。能源政策需要"谁请客谁买单"，促进各种能源品公平竞争，促进能源供应的多元化，开放市场，对清洁能源的使用进行补贴，增强清洁能源的市场竞争力。④重构能源税收结构。能源税收的目的主要在于矫正能源的外部性，应提高环境税的比例和逐步完善碳市场；通过增值税提供公共服务筹集资金，但同时需要实行差别增值税率，通过合理税负来提升新能源的竞争力。

9.3.2 因地制宜，规划村镇级综合能源基地

浙江省乡村地区传统能源储量较少，居民能源消费主要依靠电力，伴随着居民能源需求的进一步增长，同时，为了控制电力的对外依存度，寻找新的能源供给势在必行。鉴于浙江省乡村资源种类丰富且分布广泛的特点，应以大小适中的

村镇级用能区为基本单位，规划不同类型的综合能源基地。综合能源基地的建设应遵循"因地制宜、多能互补、综合利用、效益并重"的原则，充分利用当地的太阳能、风能、水能和地热能等资源，增加清洁能源供应，最大限度地在本用能区内实现能源的供需平衡。

规划村镇级综合能源基地主要分为以下五个步骤。第一步，探明不同地区不同能源的储量和技术可开发量以及该用能区能源消费的总量、结构以及时空特征，这是实现因地制宜、就地利用的基础，只有同时了解了供给和需求情况，才能够更有针对性地规划能源生产、能源输配以及能源利用。第二步，计算待建能源基地的不同季节不同时段的能源生产力以及相应的能源需求情况，从而对该用能区就地平衡的能力进行评估。第三步，针对不同能源生产方式的特点，设计多能互补方案，减少浪费，降低排放，实现能源的最大化利用。第四步，根据用能区就地平衡能力和不同能源方式之间的互补情况，规划余电上网或者电力外购。第五步，根据多能互补方案、能源需求分布以及就地平衡情况，规划能源通道和终端能源利用设施，确保整个能源系统能够有效运行。

9.3.3 加快农网改造，实现电网绿色化、智能化升级

绿色化、智能化农村电网是绿色电力在建设美丽乡村中发挥关键作用的依托，是集安全可靠、节能降损、服务优质、生态环保四个方面优势为一体的新型电网。

在安全可靠方面，需要建设大型输配电网节点监控系统以及故障快速处理系统，节点监控的意义在于能够实时掌握不同地区的负荷和电源出力情况，以便能够在短时间内进行智能调度，平缓冲击，提升电网的整体稳定性。故障快速处理系统则能够大幅缩短维修时间，提高供电可靠率。在节能降损方面，需要通过智能配变台区以及低压设备改造来实现，智能化的变压器能够根据用户端的电压变化快速调整降压参数，降低损耗，低压设备改造则有利于降低输电中的低压线损，从而实现节能降损。在服务优质方面，绿色、智能化的电网工程需要终端能源设备智能化改造的支持，智能电表、用电信息采集系统等将大大增加用户的用电体验。在生态环保方面，主要依靠智能调度、智能管理来实现，智能化控制中心能够依据不同电源的出力情况，在保证电网安全性的前提下，优先调度可再生能源、水电、核电等清洁能源，从而达到生态环保的目标。

9.3.4 加快研发和完善智慧能源管理系统

智慧能源管理系统是综合智慧能源体系不可或缺的部分，主要依托于"互联网+"技术。浙江省省会杭州市是全国领先的科技新城，互联网技术研发优势十分明显，在建设农村现代能源体系的过程中，应大力支持广大互联网企业以及互

联网研发机构探索尝试"互联网+能源"模式，以期在最短的时间内完成智慧能源管理系统的研发和生产。

目前，浙江省已有部分企业研发出智慧能源管理平台，但其实用性仍有待验证。因此，从政府的角度来说，需要加快建设综合能源试点，并设置专项资金以电价优惠等形式给予试点居民用能补贴，并保证研发企业能够实现一定的盈利。在试点建成之后，应及时总结现有系统的优势以及不足，以此为依据，启动面向社会企业的智慧能源管理系统研发招标，充分利用社会资本的活力，进一步完善该能源管理系统。

9.4 本章小结

为了构建农村现代能源体系，本章首先对相似发达国家乡村能源发展历程进行了回顾，多方面总结了美国、德国的乡村能源发展经验，欧洲石油及天然气进口依赖度高，为保证能源供给安全，保持价格稳定，欧洲主要通过智能电网建设以及用电补贴来支持分布式可再生能源的发展和普及，最终提高了可再生能源在能源供给侧的比例以及电力在消费侧的比例。美国作为曾经的世界头号碳排放大国，主要通过资金投入、智能电网建设和技术改造等措施扶持新能源产业，以实现低碳转型；另一方面，美国也重视乡村能源的就地利用，在风电农业、生物质燃料使用以及热电联产方面成绩卓著。

综合发达国家的经验与浙江省的特点，结合《乡村振兴战略规划》中对农村现代能源体系建设的要求，本书提出建设乡村综合智慧能源体系的总目标，争取形成一批具备浙江特色的能源示范村。在目前的设想中，乡村智慧能源体系主要有五大特点，分别是综合协调、智能高效、市场主导、就地平衡以及绿色低碳。以此为基础，本书尝试性地提出了建设浙江乡村综合智慧能源体系的思路，一是要全面推进能源价格市场化，充分凸显可再生能源的竞争力，这是乡村综合智慧能源体系建设的市场基础；二是要因地制宜，规划村镇级综合能源基地，最大限度地消纳当地清洁能源，实现就地平衡，这是乡村综合智慧能源体系建设的关键；三是要加快农网改造，实现电网的绿色化、智能化升级，全方位提升电网性能，这是绿色电力在建设美丽乡村中发挥作用的重要依托；四是要充分利用科技优势，加快研发和完善智慧能源管理系统，这是乡村综合智慧能源体系的标志。

乡村综合智慧能源体系建设立足于乡村振兴重大战略机遇期，目标是形成具有浙江特色的农村现代能源体系，具有重大的现实意义。同时，该能源体系的建设需要政府、企业、居民等多方合作，集中力量，凝聚智慧，为其他省份和地区的乡村能源革命提供经验。

第 10 章　主要研究发现及结论

本书主要以浙江省家庭能源消费调查数据（2017 年）为基础展开分析，部分章节与宏观统计数据以及电力系统数据进行了结合。

本书首先从家庭基本特征、住房情况、厨房设备及家用电器情况、取暖与制冷情况及家庭电力消费情况五个方面对浙江省家庭能源消费进行了画像。除此之外，特别描述了乡村家庭的用能主观期望、特色旅游和特色产业经营情况以及分布式光伏和电动汽车在乡村的普及情况。调查数据显示：浙江省家庭常住人口以及劳动力数量以 2 人为主，绝大多数受访者常年在本地工作，年收入多在 5 万 ~ 10 万元；在电价政策方面，多数家庭表示相较于单一电价更偏好峰谷电价；超过 90% 的农村受访家庭对当前整体的电力设施和服务表示认可（满意程度为一般及以上），且多数家庭表示，当收入增加时，会增加对空调、电饭煲等常用用电设备的使用数量；分布式光伏和电动汽车在农村的推广效果不如预期，近 90% 的家庭表示对电动汽车不了解或了解较少，超过 95% 的受访家庭无打算或尚未决定是否安装太阳能电池板；从事特色旅游（餐饮行业和住宿行业）的家庭经营性收入普遍比特色产业高，多在 9 万 ~ 15 万元。

接着，本书利用调研所得数据对每个家庭的不同能源消费量进行了测算，测算范围包括：厨房炊事设备、冰箱等家用电器、制冷设备、取暖设备，对于经营特色产业的家庭，还测算了生产性用能。以此为基础，对标准家庭的能源消费行为进行了分析。结果显示：①从能源种类上看，电力、管道天然气、管道煤气是最主要的家庭用能来源，电力在城乡家庭能源总消费中的占比分别达到了 63.9% 和 57.8%；从能源用途上看，烹饪和家用电器消耗的能源最多，其中烹饪用能比例为 37.4%，家用电器占比 32.9%，两者加总达到了 70%；②从能源效率上看，由于电力和管道气的使用比例和转化效率较高，有效能的结果与能耗总量差距不大，损失率仅为 30% 左右。随着电力和管道气等高效清洁能源的消费比例进一步提升，煤等非清洁能源的消费比例将进一步降低；③从碳排放上看，电力和液化气是主要的碳排放来源，城乡家用电器的碳排放比例分别为 33.7% 和 48.3%，家用电器超越烹饪成为碳排放量最高的能源用途。除此之外，城乡家庭在用能结构方面的差异初步显现，相比之下，农村家庭更多地使用薪柴/秸秆来实现对能源的需求（占比达到 14.8%）。

关于城乡家庭用能的对比结果显示，城乡家庭户均总用能分别为472千克标准煤和496千克标准煤，农村的能源消耗总量高于城镇，因为城镇的高效率能源普及率高于农村。农村居民在炊具和家用电器用能量上高于城镇，在取暖和制冷设备上的用能则小于城镇。其中，炊具上农村家庭的用电量较低，但户均薪柴用量比城镇家庭高出48千克标准煤，是后者的6倍左右；家用电器上农村灯泡和电视机用能量比城镇高出21千克标准煤，是后者的2倍左右；取暖和制冷用能上农村居民总用能较小，除薪柴和木炭外其余各类能源的使用量均低于城镇。另外，从电力消费情况看，城镇家庭年平均电力支出高于农村，除生活与娱乐设备外，厨房设备、取暖与制冷设备的用电量均较高。

从城乡对比可以看出，乡村能源发展仍然落后于城镇。因此，本书着重分析了浙江省乡村的能源消费情况。通过对浙江省乡村家庭能源消费特征的多角度分析，可以发现：浙江省乡村家庭能源消费支出占可支配收入的比例稳定在3%左右，不存在明显的能源负担问题，这从侧面说明在浙江省乡村实施电气化具有经济上的可行性。另外，从三个角度对乡村样本家庭的能源消费特征进行了分析：①不同收入群体用能差异化特征及能源消费不平等。样本家庭的能源消费基尼系数以及电力消费基尼系数分别为0.356和0.322，能源消费不平等程度大于电力消费不平等程度。通过分析不同收入水平下的家庭人均能源消费量，可以发现，总能源消费量与人均收入之间存在倒U型关系，高收入群体的总能源消费反倒会出现下降，背后的原因在于能源消费地点的空间转移，且收入的提高将会明显改善居民的用能质量，随着收入的增长，电力在居民家庭用能中的比例持续上升。②不同特色产业用能结构特征。柴油及电力是特色产业的主要使用能源，炒茶行业主要使用电力，占比达到91%；海产养殖使业使用的电力比例达到75%，柴油达到25%；家庭手工业对电力的使用为83%；作物种植业则以柴油为主，对柴油的消耗占总能耗的88%；物流仓储业中生产设备的主要能源为电力，消费比例为87%，运输设备则主要消耗汽油，其能耗的92%均来自于汽油。③用电量时空特征。典型周内平均每天用电量为5.53千瓦时，周六与周日用电量显著高于工作日，占比达到周总用电量的29%；平均每月用电量为169.46千瓦时，七八月为每年的用电高峰，占比达到全年用电量的32%，其次是12月份和1月份；平均每个季度用电量为507.72千瓦时，第三季度为主要电力消费季，占全年总用电量的41%左右。从波动性分析来看，冬夏用电水平高，波动性大，春秋用电水平低，波动性小，因此，可以考虑在电价体系中引入季节性电价，以更好地实现需求侧调峰。

相比于特征分析，影响因素分析则更能够揭示现象背后的本质。影响因素分析结果显示：影响家庭年能源消费量的主要因素为家庭经济水平、家庭能源消费偏好及房屋与设备特征。收入增长会显著提升居民电力消费量，是促进乡村从传统能源向现代能源转型的重要因素，并且对能源消费总量和电力消费量的影响存在倒U型关系。家庭偏好方面，常住人口多的家庭各类能源的人均消费量会显著减少，表明家庭能源消费存在人口规模效应，此外，户主受教育程度高的家庭更偏向于使用电力和燃气等现代能源。房屋特征方面，居住面积越大的家庭越偏好使用电力；而冬夏季日照时长通过影响家庭的取暖与制冷行为来间接影响电力等能源的消费。设备方面，设备配置是影响家庭能源消费结构和能源转型的重要因素，其中各类家用电器数量会对家庭电力消费量产生显著的正向影响，而煤气灶和采暖火炉的使用则会相应提升燃气和煤炭的消费量。

除此之外，对居民日用电量的分析表明：家庭日用电量存在季节性与周期性，季节性表现为冬夏两季用电量大，波动剧烈，而春秋两季则是用电较低，保持平稳，具体来说七八月份相比于其他时段日用电量平均高出2.7千瓦时；周期性表现为周末的用电高峰期，相比于工作日，周末日用电量平均高出0.24千瓦时。气温是影响家庭每日电力消费量的重要因素，根据估计结果，当气温高于15.6摄氏度时，随着温度上升家庭日用电量逐渐提高，当温度低于15.6摄氏度时，随着温度下降家庭日用电量也会逐渐提高。

基于影响因素的探究，本书对未来不同情形下浙江省乡村家庭能源消费进行了预测。在收入情景分析中，将人口的年增长率设定为2008~2017年的平均值0.6%，将人均可支配收入设定了低增长率6%、中增长率8%和高增长率10%的情况，共3种情形分析浙江省乡村未来家庭能源消费的趋势。预计到2025年，浙江省乡村家庭能源消费为626~635吨标准煤；浙江省乡村家庭电力消费为303亿~308亿千瓦时。在设备替换情景分析中，将原预测模型进行扩充，加入各类设备变量，并根据调研中主观部分的问题设定了设备替换情景下各类设备的使用比例，考虑乡村常住人口年增长率为0.6%，家庭人均可支配收入增长率为6%，并在2030年完成设备替换，则乡村电力消费需求的增速将会保持在3.3%左右，同时能源需求总量会以2.5%的速度增长。这意味着乡村能源结构方面，电力占比会逐步提升，并在某些用途上替代其他能源。预计到2030年，乡村能源消费总量达到776.4万吨标准煤，电力消费总量达到414.3亿千瓦时，电力消费占比上升到65.6%。这意味着浙江应当进一步完善乡村电力设施建设，在保证本省发电量和外省调入量的同时，科学地利用乡村自然资源优势，丰富发电结构，推动乡村生物质能、地热能、风能和太阳能等清洁能源的发展，以满足未来浙江省乡村居民对能源的需求。

基于客观预测结果，结合发达国家的经验与浙江省的特点，本书提出要建设乡村综合智慧能源体系，形成一批具备浙江特色的能源示范村。在目前的设想中，乡村智慧能源体系主要有五大特点，分别是综合协调、智能高效、市场主导、就地平衡以及绿色低碳。以此为基础，本书尝试性地提出了建设浙江乡村综合智慧能源体系的思路，一是要全面推进能源价格市场化，充分凸显可再生能源的竞争力，这是乡村综合智慧能源体系建设的市场基础；二是要因地制宜，规划村镇级综合能源基地，最大限度地消纳当地清洁能源，实现就地平衡，这是乡村综合智慧能源体系建设的关键；三是要加快农网改造，实现电网的绿色化、智能化升级，全方位提升电网性能，这是绿色电力在建设美丽乡村中发挥作用的重要依托；四是要充分利用科技优势，加快研发和完善智慧能源管理系统，这是乡村综合智慧能源体系的标志。

参 考 文 献

牛云鼍，牛叔文，张馨，等 . 2013. 家庭能源消费与节能减排的政策选择 . 中国软科学，（5）：45-55.

蒲清平，欧阳锦，吴筱波，等 . 2012. 重庆地区居民用能行为与影响因素 . 煤气与热力，32（3）：21-23.

孙永龙，牛叔文，胡嫄嫄，等 . 2015. 高寒藏区农牧村家庭能源消费特征及影响因素——以甘南高原为例 . 自然资源学报，30（4）：569-579.

王效华，狄崇兰 . 2002. 江苏农村地区能源消费与可持续发展 . 中国人口·资源与环境，12（5）：98-100.

王效华，郝先荣，金玲 . 2014. 基于典型县入户调查的中国农村家庭能源消费研究 . 农业工程学报，30（14）：206-212.

王效华，胡晓燕 . 2010. 农村家庭能源消费的影响因素 . 农业工程学报，26（3）：294-297.

王效华，吴争鸣 . 1999. 农村家庭生活用能需求预测方法的讨论 . 可再生能源，（4）：1-3.

王效华 . 2012. 江苏农村家庭能源消费研究 . 中国农学通报，28（26）：196-200.

王悦，赵鹏军 . 2008. 我国居民住宅建筑生活能耗差异性调查研究 . 北京大学学报（自然科学版），54（1）：162-170.

于晓勇，尚赞娣，朱东华 . 2011. 中国城镇居民生活用能影响因素定量研究 . 数学的实践与认识，41（6）：79-82.

袁晓霞 . 2016. 中国城镇居民生活用能直接回弹效应研究 . 北京：北京理工大学硕士学位论文 .

周晓慧，周孝清，马俊丽 . 2011. 广东省农村居住建筑能耗现状调查及节能潜力分析 . 建筑科学，27（2）：43-47.

Abebaw D. 2007. Household determinants of fuelwood choice in urban Ethiopia：A case study of Jimma Town. The Journal of Development Areas, 41（1）：117-126.

An L, Lupi F, Liu J, et al. 2002. Modeling the choice to switch from fuelwood to electricity：Implications for giant panda habitat conservation. Ecological Economics, 42（3）：445-457.

Baiyegunhi L J S, Hassan M B. 2014. Rural household fuel energy transition：Evidence from Giwa LGA Kaduna State, Nigeria. Energy Sustainable development, 20：30-35.

Chen L, Heerink N, van den Berg M. 2006. Energy consumption in rural China：A household model for three villages in Jiangxi Province. Ecological Economics, 58（2）：407-420.

Chugh R, Cropper M, Narain U. 2011. The cost of fuel economy in the Indian passenger vehicle market. Energy Policy, 39（11）：7174-7183.

Démurger S, Fournier M. 2011. Poverty and firewood consumption：A case study of rural households in northern China. China Economics Review, 22（4）：512-523.

Gebreegziabher Z, Mekonnen A, Kassie M, et al. 2012. Urban energy transition and technology adoption：The case of Tigrai, northern Ethiopia. Energy Economics, 34（2）：410-418.

Gertler P J, Shelef O, Wolfram C D, et al. 2013. How pro- poor growth affects the demand for energy. Social Science Electronic Publishing.

Gupta G, Köhlin G. 2006. Preferences for domestic fuel: Analysis with socio-economic factors and rankings in Kolkata, India. Ecological Economics, 57 (1): 107-121.

Heltberg R. 2005. Factors determining household fuel choice in Guatemala. Environment and Development Economics, 10 (3): 337-361.

Holtedahl P, Joutz F L. 2004. Residential electricity demand in Taiwan. Energy Economics, 26 (2): 201-224.

Hosier R H, Dowd J. 1987. Household fuel choice in Zimbabwe: An empirical test of the energy ladder hypothesis. Resour. Energy, 9 (4): 347-361.

Kowsari R, Zerriffi H. 2011. Three dimensional energy profile: A conceptual framework for assessing household energy use. Energy Policy, 39 (12), 7505-7517.

Lee L Y T. 2013. Household energy mix in Uganda. Energy Economics, 39: 252-261.

Louw K, Conradie B, Howells M, et al. 2008. Determinants of electricity demand for newly electrified low-income African households. Energy Policy, 36: 2812-2818.

Manning D T, Taylor J E. 2014. Migration and fuel use in rural Mexico. Ecological Economics, 102: 126-136.

Masera O R, Saatkamp B D, Kammen D M. 2000. From linear fuel switching to multiple cooking strategies: A critique and alternative to the energy ladder model. World Development, 28 (12): 2083-2103.

Muller C, Yan H. 2014. Household fuel use in rural China. Paper Presented at the 16th INFER Annual Conference, Pescara.

Niu S, Zhang X, Zhao C, et al. 2012. Variations in energy consumption and survival status between rural and urban households: A case study of the Western loess plateau, China. Energy Policy, 49 (10): 515-527.

Ouedraogo B. 2006. Household energy preferences for cooking in urban Ouagadougou, Burkina Faso. Energy Policy, 34 (18): 3787-3795.

Özcan K M, Gülay E, Üçdoğruk S. 2013. Economic and demographic determinants of household energy use in Turkey. Energy Policy, 60: 550-557.

Pandey V L, Chaubal A. 2011. Comprehending household cooking energy choice in rural India. Biomass Bioenergy, 35 (11): 4724-4731.

Peng W, Hisham Z, Pan J. 2010. Household level fuel switching in rural Hubei. Energy Sustainable Development, 14 (3): 238-244.

van der Kroon B, Brouwer R, van Beukering P J H. 2014. The impact of the household decision environment on fuel choice behavior. Energy Economics, 44: 236-247.

Wolfram C, Gertler P. 2012. How will energy demand develop in the developing world?. General Information, 26 (1): 119-137 (19).

Zhang J, Kotani K. 2012. The determinants of household energy demand in rural Beijing: Can environmentally friendly technologies be effective. Energy Economics, 34 (2): 381-388.